INLINE GUIDE

HANNOVER UND UMGEBUNG

15 ausgesuchte Routen für Fitness- + Recreation-Skater

INHALT

1. Auflage April 1999

Herausgeber:	Pecher & Böckmann GmbH, Antonienallee 25, 45279 Essen, 0201/54433
Redaktion:	Volker Pecher, Uli Böckmann
Textredaktion:	Lisa Jacquet
Gestaltung:	Volker Pecher
Produktion:	Herbert Menzel
Scouts:	Steffi Kramer, York Schäfer
Routengrafik:	Alexandra Niedersteberg, Christoph Jäkel
Anzeigen:	Alexandra Niedersteberg
Fotos:	ROCES / Montebelluna
	Melanie Schwarzer & Jan Wäller / Dortmund
Copyright:	© Klartext Verlag, Essen 1999
	alle Rechte vorbehalten

HALLO SCHWARZFAHRER!

Der Rollschuh als Urvater des Inline-Skates war in seiner Blütezeit nicht nur ein vielversprechender Weg zur ersten Bänderdehnung schon weit vor der Pubertät, sondern flog spätestens nach dem vierzehnten Geburtstag in die Ecke.
Auf Inlinern hingegen kann man in diesem Alter vielleicht schon seinen ersten Profi-Vertrag unterschreiben.

Das robuste Kinder-Spielzeug früherer Tage hat sich zu einem Sportgerät mit hoher Performance entwickelt. Und ist doch bis heute ein Spielzeug geblieben – zumindest vor dem Gesetz. Vielleicht deshalb, weil sehr hohe Geschwindigkeiten recht spielerisch erreicht werden, vielleicht aber auch, weil Fitness-SkaterInnen im Durchschnitt zwischen 20 und 40 Jahre alt sind – Gründe genug jedenfalls, High-Tech-Skates verkehrsrechtlich auf die gleiche Stufe mit Bobby-Cars zu stellen und ihnen beispielsweise die Nutzung von Radwegen zu untersagen.

Man geht davon aus, daß 1999 bereits rund zehn Millionen verspielte Deutsche auf Inline-Skates unterwegs sind. Fragt sich nur wo? Auf landschaftlich schön gelegenen Parkplätzen, in langen Kellerfluren oder auf stillgelegten Kegelbahnen? Welche Möglichkeiten bietet die Kanalisation? Eine Idee muß her, wie die verkehrsrechtliche Zukunft von Millionen SkaterInnen aussehen soll, denn die gegenwärtige Situation ist unangemessen.

Rein rechtlich sind Inline-Skater als eine Art Fußgänger eingeordnet und dürfen nur auf ausgewiesenen Fußwegen, also Bürgersteigen und Fußgängerzonen fahren. Juristisch sind damit alle Geschwindig-keiten jenseits von 7 km/h (Fußgänger-Höchsttempo!) bereits zu schnell! Ein eigenes Wegenetz ist weder finanzierbar noch gewünscht, niemand wird ernsthaft die Landschaft mit noch mehr Asphalt zuplätten wollen. Straßen und Bürgersteige können jedoch bestenfalls eine Notlösung darstellen.

Wir haben in diesem Guide bei einigen wenigen Routen auch Teilstücke auf Wegen eingebaut, die eigentlich für Skater nicht freigegeben sind. Wer diese Routen skatet, wird zum Schwarzfahrer, nur damit das klar ist. Wir wünschen Euch dennoch mindestens hunderte sturzfreie Kilometer und möglichst viele nette Begegnungen unterwegs.

Und niemals vergessen: Early and late is the best time to skate!

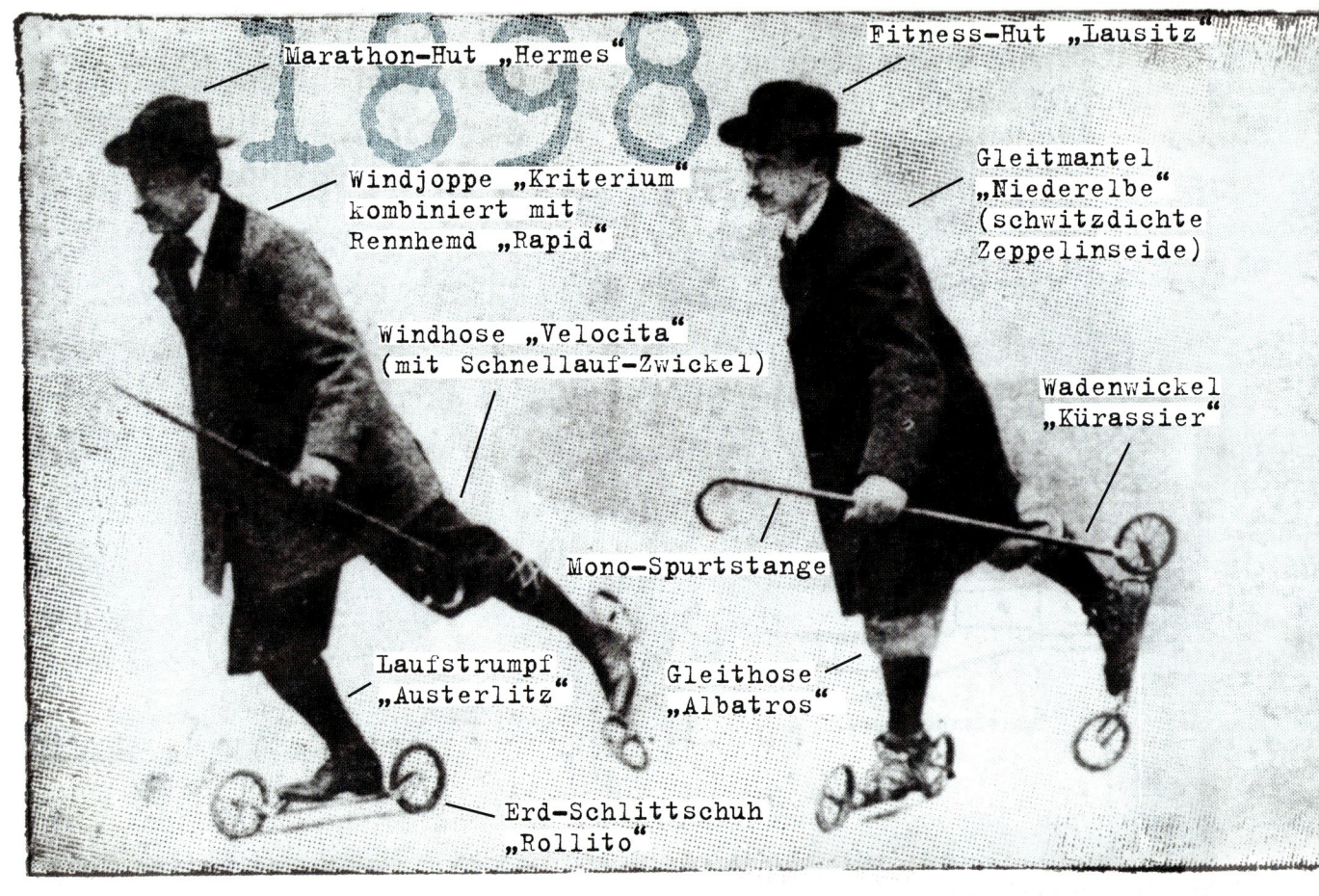

1898

Marathon-Hut „Hermes"

Windjoppe „Kriterium" kombiniert mit Rennhemd „Rapid"

Windhose „Velocita" (mit Schnellauf-Zwickel)

Laufstrumpf „Austerlitz"

Erd-Schlittschuh „Rollito"

Fitness-Hut „Lausitz"

Gleitmantel „Niederelbe" (schwitzdichte Zeppelinseide)

Wadenwickel „Kürassier"

Mono-Spurtstange

Gleithose „Albatros"

Bekanntmachung!*

1. Trage immer die vollständige Schutzausrüstung (Helm, Handgelenk-, Ellenbogen-, Knieschoner, Brille und Klingel).

2. Lerne schnell, sicher und immer rechtzeitig zu bremsen.

3. Verliere nie die Aufmerksamkeit und sei anderen gegenüber immer achtsam und zuvorkommend.

4. Skate immer vorausschauend und riskiere niemals, die Kontrolle zu verlieren.

5. Wo auch immer Du unterwegs bist: Fahre stets auf der rechten Seite.

6. Überhole Fußgänger, Radfahrer und andere Skater immer auf der linken Seite. Mache rechtzeitig durch klingeln oder rufen auf Dich aufmerksam.

7. Meide Plätze, Flächen oder Strecken mit starkem Fußgänger- und Radverkehr.

8. Lasse im Zweifelsfall immer Fußgängern und Radfahrern den Vorrang.

9. Fahre nicht auf Radwegen oder öffentlichen Straßen.

10. Reduziere beim Fahren auf dem Bürgersteig immer die Geschwindigkeit und sei stets bremsbereit. Skate gerade dort besonders vorausschauend, denn Fußgänger haben auf jeden Fall immer Vorrang!

11. Meide nasse, ölige, sandige und staubige Wege sowie Unebenheiten und Schotter.

12. Die wichtigste Regel von allen: Verliere niemals die Lust, anderen ein Vorbild zu sein.

* Die wichtigsten Regeln des Deutschen Inline-Skate-Verbandes (D.I.V.).

AOK–Die Gesundheitskasse.
Die sind immer für mich da.

ROLLE VORWÄRTS!

MALLORCA AUF SKATES ERLEBEN - MIT  IM SUNCLUB PICAFORT

Mit diesem INLINE GUIDE für Mallorca und Ibiza macht TUI *Free*World es jedem sonnenhungrigen Touren- und Fitness-Skater möglich, die traumhaften Küsten und Landschaften der beiden Sonneninseln unter die Rollen zu nehmen. Doch TUI *Free*World sorgt vor Ort auch noch für das richtige Drumherum – und das nicht nur in Sachen Inline-Skating.

TUI *Free*World fand in dem italienischen Hersteller ROCES einen erfahrenen Partner in der Inline-Szene. Für viele professionelle Speed- und Street-Skater schon seit langem das Maß der Dinge, hat die Marke aus Montebelluna inzwischen auch bei vielen Touren-Skatern den Ruf des Besonderen.

ROCES bringt in die Partnerschaft mit TUI *Free*World jedoch nicht nur jede Menge Skate-Know how mit ein, sondern außerdem die Hardware. Für die Saison '99 wurden drei Clubs mit großen Kontingenten topaktueller Fitness-Skates ausgestattet: der Sunclub Picafort auf Mallorca, der Club Trendorado auf Fuerteventura und der Club Blue Sea auf der griechischen Insel Kos. Dort braucht man zukünftig also auch im Urlaub nicht auf's Skate-Vergnügen verzichten, denn die Nutzung der ROCES-Modelle „Moscow" und „Enduro", die TUI *Free*World-Inline-Kurse sowie die gemeinsamen Ausfahrten sind für alle Gäste bereits im Reisepreis enthalten.

Einen weiteren erfahrenen Partner fand TUI *Free*World mit dem DRIVe. Zuständig für die sportlichen Belange der Inline-Skater in Deutschland, kümmert sich der DRIVe als offizieller Verband nicht nur um Wettkampfregeln, Meisterschaften und Ausbildung, sondern sorgt auch in der Partnerschaft mit TUI *Free*World für das richtige Training des Club-Personals, der *Free*World-Guides. Für die ging es in den DRIVe-Lehrgängen jedoch nicht nur darum, selber sicher auf den Skates zu stehen, sie mußten auch noch die Prüfung zum Inline-Instruktor bestehen.

Denn das Inline-Feeling sollen bei TUI *Free*World auch Diejenigen erleben können, die bislang noch nie auf den schnellen Rollen gestanden haben und deshalb zunächst eine gute Grundausbildung brauchen. Durch die im Reisepreis enthaltenen Inline-Kurse können auch „Absolute Beginners" schon nach kurzer Zeit an den geführten Inline-Touren teilnehmen, zum Beispiel im TUI *Free*World Sunclub Picafort auf Mallorca im schönen Norden der Insel.

Wer mag, kann sich nach den Routen aus diesem INLINE GUIDE Mallorca / Ibiza natürlich auch auf eigene Faust für die Rolle machen, doch viele finden das Skate-Erlebnis in einer gutgelaunten Gruppe am schönsten. Die verschiedenen Touren erfüllen dabei alle Ansprüche: für die konditionsstarken Tempo-Freaks ist ebenso die passende Strecke dabei wie für die Recreation-Skater, die es eher gemütlich angehen lassen und beim Skaten auch die Landschaft drumherum erleben möchten.

Als besonderes Bonbon für alle Fitness-Skater bietet TUI *Free*World im Sunclub Picafort sechs spezielle Trainingscamps in der Königsklasse des schnellen Sports, dem Speed-Skating. Für jeweils eine Woche können alle Teilnehmer den besonderen Kick spüren, den das Speed-Skating zu bieten hat. Mit Roland Klöß, bis 1998 noch Bundestrainer der deutschen Speed-Skater, und dem international erfolgreichen Marathon-Skater Sebastian Baumgartner konnte TUI *Free*World zwei Top-Trainer für diese Camps gewinnen.

Auch hier kommt das Equipment von ROCES. Mit dem „CDG Paris" steht ein Speed-Skate zur Verfügung, bei dem trotz hoher Performance auch der gute Halt nicht zu kurz kommt. Das ist gerade für Speed-Einsteiger besonders wichtig, denn die oftmals sehr niedrig geschnittenen Wettkampf-Schuhe der Top-Skater wären für manchen Einsteiger noch nicht optimal zu beherrschen.

Das Training ist so aufgebaut, das Fitness-Skater genau dort abgeholt werden, wo sie gerade stehen. Die Teilnehmer sollten sicher auf Vierrollern unterwegs sein und über eine Grundkondition verfügen, wie sie ein aktiver Freizeitsportler mitbringt – Höchstleistung ist nicht das Thema dieser Camps. Hinterher wird dennoch jeder in die Geheimnisse der Fünfroller eingeweiht sein und vielleicht an seinen normalen Fitness-Skates keine rechte Freude mehr haben. Wer dieses Gefühl schon während des Camps verspürt, kann sein Paar ROCES Speed-Skates nach dem Urlaub für einen sehr günstigen Preis mit nach Hause nehmen. Die Termine für die sechs Speed-Weeks im Sunclub Picafort: 03.–09. Juli, 10.-16. Juli, 17.-23. Juli, 24.-30. Juli, 31. Juli - 06. August und 07.-13. August. Nähere Infos zu den Speed-Weeks findet Ihr in diesem Buch auf Seite 66, im TUI *Free*World-Katalog oder Online unter www.freeworld.de.

Auf jeden Inline-Skater wartet also bei TUI *Free*World ein besonderes Urlaubserlebnis. Doch auch Diejenigen, die nicht nur auf Rollen ihren Spaß haben wollen, finden im Sunclub Picafort auf Mallorca jede Menge sportliche Zerstreuung. Ob Freeclimbing, Volleyball, Basketball, Biking, Bogenschießen oder Beach-Action – eigentlich kommt hier am Rande des S'Albufera-Nationalparks keine Leidenschaft zu kurz.

Daneben hält der Spezialist für Fun & Feeling ein umfangreiches Programm in Sachen Day- & Nightlife parat, von interessanten Ausflugsangeboten in die Umgebung bis zur Party nach Sonnenuntergang. Frei sein, zusammen sein, dabei sein - TUI *Free*World ist der ultimative Tip für alle, die einen aktiven Urlaub jenseits der Norm machen wollen - mit jeder Menge Action & Spaß unter Gleichgesinnten.

Also: Viel Fun, feel free!

LOCKER BLEIBEN
ODER: WIE BEREITE ICH MICH AUF DAS SKATEN VOR?

Daß der Inline-Boom auch seine Schatten-seiten hat, können vor allem die Kranken-kassen bestätigen. Die Zahl der Verletzun-gen ist so hoch, daß die Kosten für die Behandlung und Rehabilitation von verletz-ten Inline-SkaterInnen bereits in den drei-stelligen Millionenbereich gehen! Pro Jahr, versteht sich.

Die AOK ist deshalb initiativ geworden und hat unter dem Titel „EASY INLINE" ein Magazin für Fitness-SkaterInnen produ-ziert, welches in jeder Geschäftsstelle der AOK kostenlos erhältlich ist. Die folgenden vier Seiten sind ein Auszug aus dem Inline-Kurs mit Bundestrainer Roland Klöß, entnommen aus dem EASY INLINE-Magazin der AOK:

Ohne Warm-up nie auf die Skates! Der Körper muß zunächst mal selbst „auf Touren" kommen. Dazu sind die folgenden Übungen sehr geeignet.

• Muskeln lockern und erwärmen
• für die Übungen bequeme Positionen einnehmen
• langsam an die Beweglichkeits-grenze gehen
• immer 15-20 Sekunden belasten mit 2-3 Wiederholungen

1. Hals- und Nackenmuskulatur
Kopf im Stand zur Seite ablegen, rechte und linke Hand abwechselnd leicht auf den Kopf auflegen, und den Ellbogen des angehobenen Armes nach außen ziehen.

2. Schultergürtelmuskulatur
Den Arm vor dem Körper so anwinkeln, daß der Ellbogen vor dem Gesicht ist. Der andere Arm drückt nun sanft gegen den Ellbogen.

3. Hüftstrecker
In der Rückenlage wird ein Bein vom entgegengesetzten Arm in einer angewin-kelten Position leicht zu Boden gedrückt. Beide Schultern haben Bodenkontakt.

4. Hintere Oberschenkelmuskulatur
Sitzend (Beine parallel gestreckt) wird der Oberkörper nach vorne geneigt. Wichtig: Den Rücken dabei stets gerade halten.

5. Vordere Oberschenkelmuskulatur
Im Stand ein Bein anwinkeln und mit dem Arm am Fußrücken so weit an den Körper heranziehen, bis die Ferse den Po berührt.

6. Fußstrecker
Während des Anlehnens an die Wand die Hüfte nach vorn drücken. Das hintere Bein ist die gerade Verlängerung zum Rücken. Das angewinkelte Bein steht locker auf dem Boden.

1.

3.

4.

2.

5.

6.

HALTUNG BEWAHREN
ODER: WIE FINDE ICH DIE RICHTIGE KÖRPERHALTUNG?

1.

2.

ÜBUNG 1

ÜBUNG 2

1. In der optimalen Position bilden die Knie einen leichten Winkel, man sitzt also etwas in der Hocke. Wenn der Oberkörper zudem leicht nach vorne gebeugt ist, verteilt sich das Gewicht nun gleichmäßig auf alle Rollen. Den richtigen Punkt findet man am einfachsten, in dem man ganz leicht von vorne nach hinten und wieder zurück schaukelt. Schulter, Knie und Fußspitzen bilden von der Seite betrachtet immer eine senkrechte Linie zum Boden.

2. In dieser stabilen Position ist der Körper sehr gut kontrollierbar. Auch wenn es zunächst in den Beinen etwas anstrengend

ist: Erst in dieser skating-position kommt auch der richtige Spaß auf. Die Arme sind dabei stets vor dem Körper und werden nicht auf den Oberschenkeln abgestützt. Diese Position ist die Basis für sicheres Skaten und die Ausgangsposition für alle folgenden Übungen in diesem Inline-Kurs.

Ganz wichtig für ein angenehmes und sicheres Skaten ist die richtige Balance auf den Skates, d.h. der Fuß darf weder nach innen noch nach außen umknicken. Viele Skates bieten automatisch eine hohe Stabilität im Knöchelbereich, doch gutes Material ist nur die halbe Strecke auf dem

Weg zum sicheren Skaten. Wichtig ist vor allem das richtige Gefühl für die Skates. Trainieren kann man die Balance am besten durch die beiden folgenden Übungen:

Übung 1:
Die Bilder links und rechts zeigen das bewußt übertriebene Außen- bzw. Innenkanten während einer Rollphase in der skating-position. Die Skates rollen dabei parallel in einer Linie. Beim Umsetzen von der Außen- auf die Innenkante kann man sehr genau spüren, wann der optimale Balancepunkt erreicht ist, hier zu sehen auf dem mittleren Bild.

Übung 2:
Beim Slalomfahren wird man indirekt gezwungen, immer auf die Innen- bzw. Außenkante der Skates zu gehen. Beide Inliner bleiben auch hierbei möglichst parallel nebeneinander. Je besser man dieses Kanten beherrscht, umso einfacher fällt dann später das Slalomlaufen. Dabei werden, wie beim normalen Kurvenlauf auch, immer nur die Skate-Innenkanten belastet. Nur wenn man den genauen Mittelpunkt der Skates gefunden hat, setzt man die Bewegungen hinterher auch wirklich sicher um. Und wenn man es dann kann, ist plötzlich alles ganz einfach. Wie immer.

VON 100 AUF NULL
ODER: WIE BREMSE ICH?

1.

2.

3.

1. Heel-Stop

Die Standard-Bremse für jedermann:
Aus der skating-position heraus wird der
Skate, an dem das Bremsgummi befestigt
ist, leicht nach vorn geschoben. Das Körpergewicht bleibt aber auf dem anderen Bein.
Die Arme dienen der Balance am besten,
wenn man sie vor dem Körper hochhält.
Den Bremsskate nun zunächst leicht an
der Fußspitze anheben, bis die Bremskraft
einsetzt. Der Oberkörper sollte dabei möglichst ruhig gehalten werden, damit man
die Bremsrichtung nicht verläßt.
Je mehr Tempo, desto größer muß der
Druck auf dem Bremsskate sein. Dennoch
zunächst möglichst langsam anfangen und
den Druck dann erst durch ein verstärktes
Anheben der Fußspitze des Bremsskates
erhöhen. Wenn noch mehr Bremskraft be-
nötigt wird, das Körpergewicht langsam
und leicht nach vorne verlagern.

Achtung: Die Gummi-Stopper nutzen mit
der Zeit ab und sollten deshalb regelmäßig
auf ihre Funktionalität überprüft werden.

2. T-Break

Aus der skating-position heraus wird ein
Bein maximal im rechten Winkel auf dem
Boden schleifend hinterher gezogen. Das
Körpergewicht bleibt dabei auf dem Gleit-
bein. Mehr Druck auf dem Bremsbein
bedeutet mehr Bremskraft. Zunächst sollte
der Druck auf den Bremsskate nur sehr
leicht ausgeübt werden, um dann langsam
das Körpergewicht auf den Bremsskate
nach hinten zu verlagern.

Achtung: Beim „Schleifen" im rechten
Winkel drehen sich die Rollen des brem-
senden Skates nicht mit, d.h. der Rollenverschleiß ist sehr hoch. Deshalb ist ein
Bremswinkel, bei dem sich die Rollen mitdrehen, wesentlich rollenschonender.

3. Powerslide

Für geübte Skater und zum Bremsen aus
höheren Geschwindigkeiten am besten
geeignet ist der Powerslide. Der Anspruch
an das individuelle Können ist hierbei
allerdings sehr hoch, denn vor der eigent-
lichen Bremsung muß man in die Rück-
wärtsfahrt umspringen. Nur aus dieser
Rückwärtsbewegung funktioniert der
Powerslide.
Den Blick voraus wird das Bremsbein
dann gegen die Fahrtrichtung gestemmt,
die Rollen schleifen auf dem Boden. Durch
erhöhten Druck auf den Bremsskate
erhöht sich die Bremswirkung.

Achtung: Da sich beim Schleifen im
rechten Winkel die Rollen am Bremsskate
nicht mitdrehen, ist der Rollenverschleiß
sehr hoch.

Für alle Bremstechniken gilt: Probieren,
probieren und nochmals probieren!
Niemals sollte man sich auf eine Bremstechnik verlassen! Für alle gilt die Regel,
daß es ein Standbein gibt (auf dem das
Körpergewicht ruht) und ein Bremsbein
(auf dem anfangs möglichst wenig Körpergewicht liegen darf).
Jeder Skater muß sein persönliches
Bremsbein selbst bestimmen. Ein Tip:
Durch eine einfache Bremswegmessung
hat man nicht nur viel Spaß, sondern er-
mittelt auch sehr einfach die für sich
effektivste und somit beste Bremstechnik.

**Alle Bremstechniken haben ihre
Tücken und sind eigentlich nur zum
Anbremsen oder zur Tempominderung
geeignet, deshalb muß die Geschwindigkeit immer der Umgebung und
dem eigenen Können angepaßt sein!**

GESÜNDER STÜRZEN
ODER: WIE FALLE ICH RICHTIG?

A

B

C

D

Wenn der Sturz unvermeidlich ist, ist noch nicht aller Tage Abend. Ein kontrollierter Sturz kann sogar in brenzligen Situationen die beste aller Bremstechniken sein. Es kommt vor allem auf zwei Dinge an: Die richtige Technik zu beherrschen und die komplette Schutzausrüstung zu tragen. Nur sie garantiert im Fall des Falles den verletzungsfreien Sturz. Wer den Ablauf auf den Bildern A bis D mehrfach wiederholt, ist für den Ernstfall gewappnet.

Diese Übung wird zunächst aus dem Stand heraus durchgeführt. Wenn man sich dann sicher genug fühlt, sollte das Stürzen immer aus der Fahrt heraus geübt werden. Der Bodenbelag sollte beim Üben möglichst glatt sein. Achtung: Je schneller man fährt, desto schwieriger wird es, die richtige Fahrt- oder Sturzrichtung einzuhalten.

Phase A:
Es ist generell sehr wichtig, immer nach vorn zu fallen (Stürze nach hinten sollten aus dieser Position erst gar nicht passieren, denn sie sind zumeist unkontrolliert und damit sehr gefährlich). Die Arme werden angewinkelt nach oben genommen, denn den ersten Bodenkontakt müssen die Knie haben.

Phase B:
Das Fallen auf die Knieschoner ist anfangs eine Mutfrage. Mit der entsprechenden Ausrüstung merkt man aber schnell, daß der Sturz auf die Knieschoner tatsächlich keinerlei Schmerzen bereitet. Die Arme bleiben zunächst noch angewinkelt in der Luft und kommen erst später zum Einsatz.

Phase C:
Nachdem man auf beiden Knieschonern gelandet ist, wird der Oberkörper nach vorne gekippt, bis die Ellbogen auf dem Boden aufsetzen. Ohne Schoner wäre dies schmerzlos undenkbar, mit Schonern werden die Ellbogen zum Bremsanker. Die Hände bleiben immer noch in der Luft.

Phase D:
Erst jetzt kommen die Handgelenkschoner zum Einsatz. Hierbei ist es wichtig, die Fingerspitzen nach oben zu strecken, weg vom Boden. Wenn man diese Phase des Sturzes erreicht hat, ist schon fast alles vorüber - und es hat gar nicht weh getan! Diese effektive Technik funktioniert natürlich nur mit Schonern.

Achtung: Die Risiken beim Skaten liegen oftmals allein in der Selbstüberschätzung. So schön es beispielsweise auch sein mag, „downhill" einen Berg hinunter zu rauschen, so gefährlich ist es auch. Selbst Profis warnen davor, denn bei höheren Geschwindigkeiten können weder die besten Bremstechniken noch der beste Inline-Skater die Skates unter Kontrolle halten. So, nun aber viel Spaß beim Üben und Skaten!

THE RIGHT STUFF
SKATERS TOUREN-EQUIPMENT

PROTEKTOREN

Die Schutzausrüstung gehört
ebenso zur Inline-Grundausstattung wie die Skates
selbst. Nur das komplette Protektoren-Set, bestehend aus
Knie-, Ellenbogen- und Handgelenkschoner,
reduziert im Fall des Falles das Verletzungsrisiko erheblich. Ohne diese Schoner kann auch der kontrollierte Sturz
(s. Seite 15) nicht funktionieren.

SONNENBRILLE

Sieht cool aus und ist zugleich ein wichtiger Teil der
Schutzausrüstung. Bei Geschwindigkeiten von bis
zu 40 km/h sind Insekten und herumfliegende
Schmutzpartikel gefährlicher, als man denkt. Die plötzliche
Kollision einer Fliege mit dem Auge ist nicht nur sehr
schmerzhaft, sondern birgt auch eine hohe
Sturzgefahr. Beim Kauf auf UV-Schutz achten.

TRINKFLASCHE

Beim Ausdauersport sollte man nicht
warten, bis der Durst kommt, sondern für
regelmäßige Flüssigkeitszufuhr sorgen.
Für Skater gibt es sehr praktische
Gurtsysteme, die verhindern, daß man
ständig anhalten muß, um die Flasche aus
dem Rucksack zu zerren.

INLINE-RUCKSACK

Da man in der Regel nicht direkt vor der Haustür losrollt,
bieten sich Inline-Rucksäcke als Transportmittel für
die Skates bis zum Startpunkt der Tour an. Die
praktischen Helfer, die es mittlerweile in zahlreichen
Varianten und Outfits gibt, halten außerdem reichlich
Stauraum für all das bereit, was man unterwegs so braucht.

INLINE-HELM

Weil beim Inline-Skaten die Gefahr
von Kopfverletzungen sehr groß
ist, sollte man nicht mehr ohne
Helm auf die Rolle gehen.
Inline-Helme unterscheiden
sich durch nichts von Helmen
für Biker. Leicht sollten sie sein,
gut belüftet und außerdem das Zeichen
für geprüfte Sicherheit tragen.

INLINE-SOCKEN

Die Füße werden beim Skaten sehr stark
beansprucht, egal, ob sie in Hard- oder
Softboots stecken. Inline-Socken sind an den
entscheidenden Stellen gepolstert, sorgen
für ein gutes Skate-Gefühl und beugen
lästigen und schmerzhaften Druckstellen vor.

ROCES Enduro
Top-Fitness-Skate, der dank großer Rollen auch sehr gut im leichten Gelände funktioniert

ROCES Edinburgh
Extrem gut belüfteter Fitness-Skate, auch als Lady-Skate erhältlich

ROCES Stealth
Ein Speed-Skate der Extraklasse. Lederschuh mit Carbonfiberschale, Gel-Kissen im Knöchelbereich und Alu-Schiene

ROCES CDG Paris
Speed-Skate, der dank des hohen Schaftes allen Speed-Einsteigern den nötigen Halt gibt

VOLL AUF DER ROLLE
ROCES - PIONIER IM BAU VON INLINE-SKATES

Seit vielen Jahren gilt der italienische Skate-Hersteller ROCES als Trendsetter in der Inline-Szene. Die ersten größenverstellbaren Kinder-Skates trugen ebenso das ROCES-Logo auf dem Schaft wie der erste Skate für den harten Offroad-Einsatz, der „Big Cat". Die Italiener haben den Aggressive-Skate erfunden, stellten als erster Hersteller einen Skate speziell für Frauen auf die Räder und machen eigentlich bis heute nicht den Eindruck, als käme die firmeneigene Entwicklungsabteilung in absehbarer Zeit zur Ruhe.

Das große Engagement im sportlichen Bereich führt außerdem dazu, daß für viele Speed-Skater die Marke ROCES seit lan-

gem das Maß der Dinge ist. Doch auch die Vert- und Street-Skater, die ihren Skates in der Halfpipe oder im Obstacle-Course bekanntermaßen eine Menge abverlangen, schwören bei der Wahl ihres Equipments auf die Spezialisten aus Montebelluna. Heute bringt ROCES sein gesamtes Knowhow aus diesen Extrembereichen auch in die Entwicklung und den Bau der Fitness- und Recreation-Kollektion ein.

Die Produktpalette von ROCES ist dabei so breit angelegt, daß für jeden Geschmack und jeden Geldbeutel der richtige Skate dabei ist, wobei man in allen Preiskategorien die größtmögliche Qualität erwarten kann. Bei ROCES hat man von Beginn an allergrößten Wert darauf gelegt, die prakti-

schen Erfahrungen der Inline-Skater in die Entwicklung und Produktion neuer Modelle mit einfließen zu lassen. Dies galt nicht nur für die zahlreichen professionellen Speed- und Aggressive-Skater, deren exclusiver Ausrüster ROCES seit vielen Jahren ist, sondern auch für die Freizeit-Skater. Da dieses Prinzip seit nunmehr 18 Jahren aufrecht erhalten wird, sind die Modelle von ROCES bis ins letzte Detail ausgereift.

Diese reiche Erfahrung bringt ROCES nun in die Partnerschaft mit TUI FreeWorld ein. Große Kontingente der Modelle „Enduro" und „Moscow" kommen in den Clubs zum Einsatz, die komplette Schutzausrüstung liefert ROCES gleich mit. Der „Moscow" ist

ein sehr vielseitiger Fitness-Skate, ausgestattet mit ABEC 3 Lagern, einer Fiberglas-Schiene, anatomisch geformten Innenschuhen sowie einem durchdachten Schnellverschlußsystem.

Der „Enduro" erlaubt dank seiner drei großen, profilierten Rollen den Einsatz auch abseits der asphaltierten Wege. Die Rollen haben einen Durchmesser von 90 mm und bieten auch auf glattem Untergrund hervorragende Laufeigenschaften. Alu-Schiene, ABEC 5 Lager, Messing-Spacer, Slo-Memory-Foam-Innenschuh sowie eine Anti-Shock-Einlegesohle machen den „Enduro" zu einem Fitness-Skate der Extraklasse, mit dem man auch dort weiterkommt, wo herkömmliche Inline-Skates

ROCES Moscow
*Fitness- und Recreation-Skate mit Fiber-
glas-Schiene und hochwertiger Ausstat-
tung, auch als Lady-Skate erhältlich*

an die Grenzen ihrer Möglichkeiten
stoßen, denn auch Feld- und Waldwege
meistert der ROCES „Enduro" ohne
Probleme.

Bei den TUI FreeWorld Speed-Weeks auf
Mallorca (s. Seite 66) kommt der CDG Paris zum Einsatz, ein Speed-Skate, der trotz
seiner hohen Performance der optimale
Skate für Speed-Einsteiger ist.

**Vertrieb in Deutschland und Info
über SICO, Tel. 0 75 31 / 98 44 0
Internet: www.sico.de · www.roces.it**

adidas SPORT WATCHES
IMMER AM PULS DER ZEIT

*Wer sich sein Training optimal einteilen und seine
Fortschritte exakt ablesen will, wird in den Fitness-Uhren
von adidas einen zuverlässigen Begleiter finden.*

MID 200

RUNNER

COOLER TICKER FÜR GIRLS
*Ein innovatives Uhrwerk, verpackt in einem
coolen Outfit. Mit Chronograph (1/100),
10-Runden-Speicher, Count-Down-
Zeitmesser, akustischem Laufrhythmusgeber, Alarmfunktion, zwei
Zeitzonen. Wasserdicht bis
200 Meter, 149,- DM*

DAUERLÄUFER
*Der zuverlässige Be-
gleiter auf allen Strecken. Mit Lauftagebuch,
100-Runden-Zwischenzeitspeicher,
Stoppfunktion (1/100), akustischem
Laufrhythmusgeber, 24-Stunden-Anzeige,
4 Alarmzeiten, 2 Zeitzonen,
Fiberglasgehäuse, ab 129.- DM*

AL 200

PROFI-TRAINER
*Die adidas AL 200 übernimmt
beim Training die totale
Kontrolle. Mit Stoppfunktion (1/100),
100-Runden-Zwischenzeitspeicher,
Sport-Timer, akustischem Lauf-
rhythmusgeber, 24-Stunden-Anzeige,
Datumsfunktion, 4 Alarmzeiten, 2 Zeitzonen,
Fiberglasgehäuse, dreidimensional animiertem
Logo. Wasserdicht bis 200 Meter, 189.- DM*

adidas

FELINE 5TH Avenue
Athletic Shoe On Wheels

FELINE Broadway
Super-Light Cross-Training Skate

FELINE Race
Ultimate Training Skate

FELINE Workout
Work-Out Skate

WOMEN ONLY
FELINE BAUT INLINE-SKATES NUR FÜR FRAUEN

Da sich die weibliche Anatomie auch im Waden- und Fußbereich sehr von der männlichen unterscheidet, finden Frauenfüße in Männerschuhen keinen Halt – beim Skaten führen diese Paßformprobleme oft zu Schmerzen und unsicherem Fahren. Ein guter Frauenskate braucht also zu allererst eine perfekte Paßform. In diesem Frühjahr sind die ersten Inline-Skates von FELINE zu haben. Die neue Marke hat sich völlig den Frauen verschrieben. Aufgrund der Analyse von 2000 Frauenfüßen durch das biomechanische Labor von Prof. Dr. Christian Haid an der Universitätsklinik Innsbruck wurde der „EVEfit" entwickelt: der Leisten für Frauen, auf dem die FELINE-Skates aufgebaut

werden. Er ist schmal im Vorfuß und zierlich in der Ferse, mit einem ausgeprägten Fußgewölbe und dem höheren Rist, der den Frauen- vom Männerfuß unterscheidet. Und da der Wadenmuskel bei Frauen weit unten beginnt, hat der EVEfit-Leisten einen kürzeren, weiteren Schaft.

Die FELINE-Softskates werden aus hochwertigen Materialien gebaut und mit der anatomisch geformten Außensohle verbunden. Aber auch für ein durchdachtes Fahrwerk wurde gesorgt. Für eine dynamische Fußbelastung ist eine um etwa 8 mm erhöhte Ferse ideal. FELINE erfand deshalb das Lowrider-System: Die beiden hinteren und die vorderste Rolle haben einen

besonders großen Durchmesser von 80 mm, sind also laufruhig und schnell. Die Rolle unter dem Fußballen ist nur 72 mm groß und bringt so den Fußballen um die erwünschten 8 mm tiefer. Das gewährleistet optimale Lastverteilung, der Schwerpunkt der Sportlerin ist nicht weiter vom Boden entfernt als beim Männer-Skate.

Die FELINE-Chassis werden aus 3 D-Aluminium gefertigt. Die beiden Spitzenmodelle der FELINE-Kollektion verfügen zusätzlich über das FULLY-System, das sicheres Fahren auch über schmutzigen Asphalt ermöglicht. Beim FELINE-Full Suspension-System werden Bodenunebenheiten durch ein Wippensystem ausgegli-

chen, an dem je zwei Rollen hintereinander aufgehängt sind. So werden Stöße durch die beweglichen Wippen sanft überrollt. Das schont die Gelenke. Schöner Nebeneffekt der Wippen-Aufhängung: Das Fahrverhalten in Kurven ist sicherer und dynamischer als bei einem herkömmlichen Skate, da sich die Rollen durch den schräg einwirkenden Druck zu einem leichten Bogen formieren und so die Kurvenfahrt unterstützen.

Vertrieb in Deutschland und Info über Powerslide, Tel. 0 92 08 /6 01 00

DISC·BRAKE

SCHEIBENBREMSE FÜR INLINE-SKATES

MIT SICHERHEIT SPASS AM SKATEN

WWW.DISC-BRAKE.COM

DISC BRAKE is a product of

•••• FLEXLIFT BRAKE®

Exclusive Distribution CP CALIFORNIAN PRODUCTS ®

SKATEN KANN JEDER · BREMSEN JETZT AUCH!

- KONTROLLIERTES BREMSEN FÜR JEDES FAHRKÖNNEN
- KEINE BEHINDERUNG BEIM SKATEN
- KEINE ZUSÄTZLICHE ABREIBUNG DER ROLLEN
- NACHRÜSTSATZ FÜR DIE MEISTEN MARKEN- SKATES

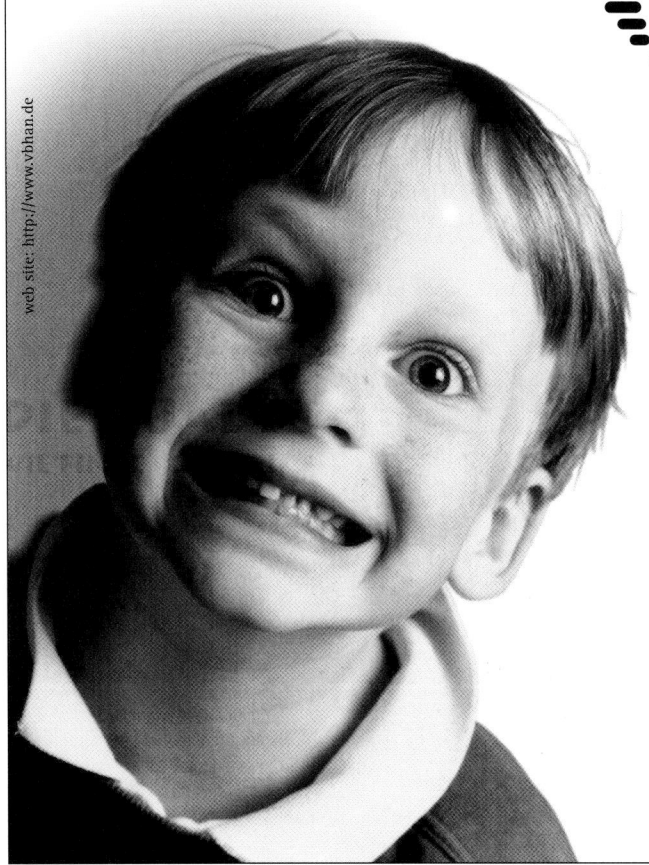

Volksbank Hannover

Früh übt sich ...
Das Jeans-Sparbuch
speziell für Kids

Dein Jeans-Sparbuch ist wie ein
richtiges Konto.
Du bekommst Zinsen und kannst
Dein Geld abheben und einzahlen,
wann immer Du willst.

Die *hannoversche Bank*

DER RICHTIGE DREH
INLINE SKATE-LAGER

Beim Inline-Skaten dreht sich im wahrsten Sinne des Wortes alles um die Lager. Jede Rolle hat gleich zwei davon, macht also 16 Kugellager für ein Paar Inline-Skates. Allein die Lager entscheiden, ob es läuft wie geschmiert oder ob der Spaß auf der Strecke bleibt. Die Kugellager haben ein Standardmaß von 22 mm Außen- und 8 mm Innendurchmesser bei einer Dicke von 7 mm. Sie werden in vier Qualitätsstufen angeboten: ABEC 1, 3, 5 und 7 (ABEC = Annular Bearing Engineers Commitee; amerikanische Qualitätsnorm für Kugellager). Die Werte beziffern die Verar-

beitungsgenauigkeit der Bestandteile eines Lagers. Je höher der Wert, desto besser. Neben der ABEC-Einstufung finden sich bei der Lagerbezeichnung noch weitere Ziffern, z.B. „ZZ", „Z" und „RS". „ZZ" bedeutet, daß das Lager auf beiden Seiten mit Metallkappen vor grober Verschmutzung geschützt ist, „Z" zeigt den einseitigen Schutz an, wobei die ungeschützte Seite nach innen in die Rolle eingesetzt wird. „RS" signalisiert beidseitig mit Kunststoff-Dichtungen geschützte Lager, die auch Wasser und Staub fernhalten. Dabei gibt es noch Unterschiede bei den

geschlossenen Lagern, denn manche sind wartungsfähig (mit Kunststoffkappe oder mit Sprengring versehen), andere wiederum sind nicht zu „knacken". Also beim Kauf danach fragen, ob die Lager wartungsfähig sind.
Das Material spielt bei Kugellagern eine große Rolle. Kugeln und Laufbahnen aus Qualitäts-Stahl sind das Beste, auch beim Lagerkäfig sollte man nicht auf Messing oder Nylon als billige Varianten ausweichen. Denn hat sich einmal ein wenig Schmutz eingeschlichen, sind diese Lager recht schnell verschlissen.

Auch die Lagerpflege ist wichtig und kann die Lebensdauer deutlich verlängern. In der Regel sollte man sie ab und an von außen trocken abwischen. Wurden die Lager dem Wasser ausgesetzt, zu Hause sofort ausbauen, trocknen, in Lösungsmittel einlegen und mit graphit- und teflonfreiem Lagerfett neu schmieren.

ZERLEGTES LAGER: ABEC 5 „ZZ"

ABDECKPLÄTTCHEN

SPRENGRING

OFFENES LAGER

Fly and Glide!

Wer möchte nicht gern einmal in einer
Traumlandschaft skaten?

Mit dem **TUI** *Free*World INLINE GUIDE
für **Mallorca und Ibiza** ist dies nun kein
Problem mehr. Er zeigt die **20 schönsten**
Inline-Routen auf den beliebten
Sonneninseln in bewährter Art und Weise, von
der **Promenaden-Bummeltour** bis zur
anspruchsvollen Fitness-Route für
**fortgeschrittene
Tempo-Skater.**

Für alle, die auch im Urlaub nicht auf
den vollen **Skate-Genuß**
verzichten wollen.

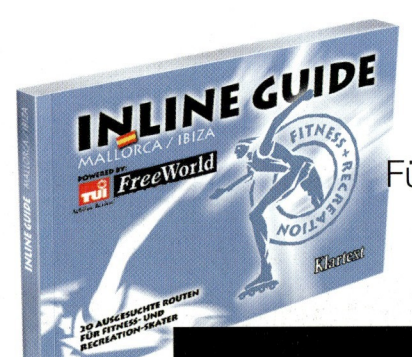

INLINE GUIDE
Wissen, wo's langgeht.

DIE QUAL DER WAHL
WIE FINDE ICH „MEINEN" INLINE SKATE?

1. Probiere möglichst viele Skates an. Kommen mehrere Modelle in die engere Wahl, vertraue Deinem Gefühl. Lasse die Skates möglichst lange an den Füssen. Entscheide Dich für diejenigen, in denen Du Dich am wohlsten fühlst. Achte nicht nur auf die Farbe oder modische Aspekte.

2. Mache Dich erst nachmittags auf die Suche nach „Deinem" Paar Skates, denn dann haben sich Deine Füße voll ausgedehnt. Skates, die Du am Vormittag kaufst, können schon am Abend zu eng sein.

3. Probiere die Skates nicht mit zu dicken Strümpfen, denn es kann passieren, daß Dein Fuß dann nicht genügend Halt findet. Für den späteren Einsatz sind Inline-Sokken zu empfehlen, die an den entscheidenden Stellen gepolstert sind.

4. Die Ferse darf im Skate nicht hochkommen. Der Innenschuh sollte etwa 1 cm Spiel an den Zehen bieten. Bei Softboots mit dem Fuß nach vorn rutschen, wenn zwischen Ferse und Schaft dann noch ein Finger Platz hat, sitzt er optimal.

5. Prüfe Kunststoffschienen auf ihre Steifheit: Nimm den Skate mit den Rollen nach oben in die Hand, umgreife die erste und letzte Rolle und versuche dann, die beiden inneren Rollen mit den Daumen nach unten zu drücken. Läßt die Schiene sich leicht eindrücken, hast Du den falschen Skate in der Hand. Aluschienen sind leicht und äußerst stabil, aber auch sehr kostspielig.

6. Beurteile den Leichtlauf der Rollen nicht danach, wie sie sich mit der Hand drehen lassen. Markenskates sind mit wartungsarmem Fett geschmiert, das seine richtige Schmierfähigkeit erst nach einigen Kilometern Fahrt erreicht. Schlecht drehende Rollen sind keineswegs ein Zeichen für schlechte Qualität.

7. Wichtig ist die Fußgelenkstabilität. Wenn sich die Schale im Knöchelbereich eindrücken läßt, stell sie zurück ins Regal. Labilität im Knöchelbereich - die manchmal als „sehr bequem" verkauft wird - kann übelste Verletzungen an den Bändern nach sich ziehen.

8. Entscheide Dich nicht zu schnell für oder gegen Schnallen oder Schnürung. Ein allgemeingültiges Optimum gibt es nicht, wenn dies auch immer wieder behauptet wird - schließlich ist jeder Fuß anders. Bei Schnallenbindung solltest Du darauf achten, daß mindestens drei Schnallen geboten werden.

Auch so viel im Kopf...

... und wenig Zeit für Versicherungen und Finanzen? Dagegen haben wir was.

Die Lösung für alle zwischen 16 und 29:

Mit **TRAUMSTART** haben Sie genau die Sicherheit, die Sie jetzt brauchen - nicht zu viel, aber auch nicht zu wenig. Einmal Kümmern genügt!

Und das Beste:
Mit **TRAUMSTART** sparen Sie bis zu 12 % gegenüber unseren Normaltarifen.

Anruf oder e-M@il genügt:

www.traum-start.de
0 18 02 / 78 81 00

ALL YOU NEED IS SPEED
SPEED-SKATING - EINE SPORTART SUCHT AKTIVE

Millionen Fitness-SkaterInnen sind sich einig: „Das Erlebnis, auf acht Rollen fast schwerelos Dahinzugleiten, ist kaum zu toppen." „Es sei denn, man nimmt zehn", würde ein Speed-Skater wohl antworten, sich dann in seine beiden Fünfroller schwingen und sich mit ein paar kräftigen Abstößen auf seine Flugbahn begeben.

Was noch vor wenigen Jahren Rollschnelllauf hieß und ausnahmslos auf den sogenannten Quads (den guten alten Rollschuhen mit vier dicken Rollen an zwei Achsen) betrieben wurde, hat sich seit Einführung der Inline-Technologie grundlegend geändert. Holländer waren die ersten, die bei einem Rennen in Deutschland mit internationaler Besetzung auf ihren damals brandneuen Speed-Skates die gesamte Quad-Konkurrenz in Grund und Boden fuhren. Schon eine Saison später gab es eigentlich keine Rollschnell-Läufer mehr, nur noch Speed-Skater bestimmten das Wettkampfgeschehen. Denn jeder stieg auf die Fünfroller um, Quads verschwanden von der Bildfläche.

Seitdem hat sich im Speed-Skating vieles weiter entwickelt. Die Jagd nach besseren Zeiten ließ die Lauf- wie auch die Schuhtechnik fortschreiten. Präzisionskugellager,

verwindungssteife Schienen aus Flugzeugaluminium oder Kohlefaser, ausgesuchte Rollen und maßgeschneiderte Schuhe treiben die Preise in die Höhe. Doch auch mit Speed-Skates „von der Stange" kann man mithalten, vorausgesetzt, Technik und Kondition stimmen.

Speed-Skating ist heute in Deutschland noch eine Randsportart. Doch obwohl es derzeit nur 1.500 aktive SpeedskaterInnen gibt, kann die „kleine" Speed-Skating-Nation Deutschland international erstaunliche Erfolge aufweisen. Die dreifache Weltmeisterin Anne Titze aus Seeheim ist das Aushängeschild des deutschen Speed-Skating-Sports, Dirk Breder aus Homburg ist der schnellste Mann im Land, war vor vier Jahren 500 m-Europameister und WM-Dritter über 1.500 m. Auch der Nachwuchs sorgt schon für hervorragende Resultate und bringt von Junioren-Europameisterschaften zahlreiche Medaillen mit nach Hause.

Doch fehlen dem rasanten Sport die nötigen Zuschauerzahlen, um die großen Sponsoren anzulocken. Das Potential an talentierten Fitness-SkaterInnen hingegen ist enorm. Die meisten jedoch ahnen nicht einmal, das sie ausgezeichnete Speed-

Skater sein könnten. Wer eine gute Kondition und gute technische Grundlagen mitbringt, hat durchaus Chancen, bis in die nationale Spitze vorzudringen. Roland Klöß, Bundestrainer der Speed-Skater dazu: „Wer topfit ist, Talent hat und motiviert genug ist, sich im Training zu quälen, kann ganz vorne mitfahren". Vor dem Hintergrund, daß Verbände und Hersteller schon laut über den Gang nach Olympia nachdenken, tut sich hier für manch schnellen Fitness-Skater ein triftiger Grund auf, zukünftig um eine Rolle aufzurüsten. Doch wird einem der Einstieg nicht ganz leicht gemacht. Speed-Skates sind kostspielige Sportgeräte, der Einstieg ist unter 600-800 Mark kaum zu haben, nach obenhin sind die Preise offen.

Daß der allgemeine Inline-Boom schlußendlich dann doch auf den Sport durchschlägt, macht sich bei den großen Laufveranstaltungen schon bemerkbar. Da bei solchen Rennen nicht nur in Speed- sondern auch in Fitness-Klassen gestartet wird, wächst ein Teilnehmerfeld schon mal in den vierstelligen Bereich. So gingen beim '97er Köln-Marathon, der ja eigentlich ein klassischer Laufwettbewerb ist, bereits mehr als 1.000 Inline-SkaterInnen an den Start. Von Rahmenprogramm kann

man da eigentlich nicht mehr sprechen. Die Marathondistanz von 42,195 Kilometer legen Top-Speed-Skater in knapp 70 Minuten zurück (Weltrekord 1.04:27,986 h), erreichen also eine Durchschnittsgeschwindigkeit von rund 40 km/h. Auch in Sachen Beschleunigung bleibt einem angesichts des aktuellen Weltrekordes des Italieners Ippolito Sanfratello glatt die Luft weg: Er benötigte für die 300 m-Sprintdistanz auf ebener Strecke gerade einmal 24,418 Sekunden. Beim Überqueren der Ziellinie wurde seine Geschwindigkeit mit 57 km/h gemessen! Wer interessiert sich da noch für Rennräder?

Rund 40 Speed-Skating-Vereine kümmern sich in Deutschland um den Nachwuchs. Wer sich mit einem der Vereine in Verbindung setzen möchte, kann von der Speed-Skating-Abteilung des DRIVe in Ulm eine Liste mit den Adressen erhalten (Telefon: 0731-66414). Viele dieser Vereine bieten auch Schnupperkurse an, vielleicht die einfachste Möglichkeit, sich einmal auf Fünfrollern zu versuchen. Beim DRIVe könnt Ihr auch eine Terminliste von allen Speed-Skating-Veranstaltungen erhalten, bei denen auch Fitness-LäuferInnen auf Vierrollern an den Start gehen können.

SPEEDSKATING-WELTREKORDE

STRASSE / HERREN		STRASSE / DAMEN	
300 m	24,418 sec	300 m	26,794 sec.
500 m	40,337 sec.	500 m	45,026 sec.
1.000 m	1:22,124 min.	1.000 m	1:28,014 min.
5.000 m	7:29,39 min.	5.000 m	8:17,000 min.
10.000 m	14:25,51 min.	10.000 m	16:50,789 min.
42,195 km	1.04:27,986 h	21 km	36:38,296 min.

Der Berg ruft,
also hör hin.

Wer meint, es sei nur kaltblütigen Bergprofis vergönnt,
im steilen Fels und durch tiefe Schluchten zu klettern,
wird in seinem Leben so einiges verpassen.
Beim Canyoning dem Weg des Wassers durch atemberaubende
Schluchten zu folgen oder beim Klettern über sich hinauszuwachsen,
ist eine Herausforderung, die niemand scheuen muß.

„Stone Love" bietet Touren für jeden Geschmack und für jedes
Können. In überschaubaren Gruppen, mit professioneller Begleitung
und an den schönsten Canyoning- und Kletterplätzen Europas.

Laßt Euch diesen Thrill nicht entgehen.

STONE LOVE

*Wir bringen
Euch
da durch.*

Gardasee / Provence
Pyrenäen / Vorarlberg / Frankenjura
Individualprogramme
Firmenseminare / Incentives
Vereinsbetreuung
Cross-Training / Schulfahrten

Kontakt: Stone Love / York Schäfer
Postanschrift: Fitness-Point Halver
Postfach 1235, 58542 Halver
Mobil: 0177 - 4077139
Fax: 02353 - 902451

AUF DISTANZ GEHALTEN
WAS KANN EIN SPACER UND WARUM?

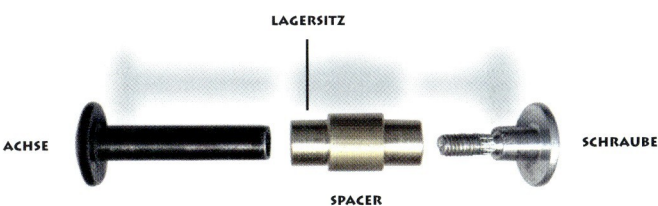

LAGERSITZ

ACHSE

SPACER

SCHRAUBE

Tief verborgen in der Schiene, für das Auge nicht sichtbar, sitzen sehr wichtige Teile für den ungetrübten Fahrspaß. Zwar sind nicht sie allein dafür verantwortlich, doch der tollste Skate mit den geilsten Rollen und den teuersten Lagern ist nur die Hälfte wert, wenn die Spacer nichts taugen und nach ein paar Dutzend Kilometern ihren Geist aufgeben.

Jede Rolle wird von einem Spacer getragen. Er erfüllt allein die Funktion, die beiden Kugellager in der Rolle im richtigen Abstand zueinander zu halten und ihnen außerdem einen perfekten Sitz zu geben. Das richtige Zusammenspiel von Lagern, Spacern und den Achsen (meist Stahlschrauben) entscheidet darüber, wie effektiv die Kraftübertragung vonstatten geht.

Spacer aus Kunststoff verformen und verklemmen sich leicht, weil das Material den hohen Drücken, die von der Seite auf die Lager einwirken, auf Dauer nicht gewachsen ist (z.B. Abstoßphase, schnelle Kurvenfahrten). Auch halten Kunststoff-Spacer den bisweilen recht hohen Temperaturen auf Dauer nicht stand.

Deshalb besser Spacer aus Alu oder Messing verwenden. Sie sind erheblich belastbarer und kompensieren die hohen Temperaturen sehr gut. Spacer sind in jedem Skate-Shop erhältlich und beim nächsten Rollenwechsel leicht auszutauschen.

ALLES DREHT SICH
WIE KOMME ICH AUF DIE RICHTIGE ROLLE?

Geradezu unüberschaubar, was an Rollen in allen Farben und Größen zu haben ist. Vor allem anderen muß jeder sich eine Frage beantworten: Wofür brauche ich die Rolle? Hat man hierzu einmal die Antwort, ist der Rest ganz einfach. Der Querschnitt einer Rolle legt fest, für welchen Einsatzzweck sie geeignet ist. Auch die Größen und Härten variieren in den einzelnen Disziplinen sehr stark.

Die Rollen sind meist aus Polyurethan (PU), denn bei Abrollverhalten, Haftung und Dämpfungseigenschaften ist dieses Kunststoffmaterial unerreicht.

Alle Fitness- und Speed-Rollen haben eine Felge, die das Gewicht reduziert, für die wichtige Kühlung sorgt und die Lager trägt. Sehr weiche Rollen sind sehr komfortabel, haben aber einen vergleichsweise hohen Abrieb. Harte Rollen sind schnell und halten länger, bieten aber nicht unbedingt die beste Laufruhe. Markenskates sind in der Regel mit guten Rollen ausgerüstet. Wer damit gute Erfahrungen gemacht hat, sollte auch beim ersten Rollenwechsel dabei bleiben.

Bei einer Rolle wird immer der Außendurchmesser in Millimetern angegeben (40 bis 88 mm) sowie die Härte in Durometern („A"), in der Regel von 74 A (sehr weich) bis 100 A (sehr hart). Diese Angaben finden sich auf der Rolle selbst.

Um die Lebensdauer zu erhöhen, sollten sie in Abständen untereinander ausgetauscht werden (Innenseiten nach außen und umgekehrt, erste und letzte Rolle gegen die beiden inneren tauschen).

ROLLENRADIEN	
	SPEED ø 76-82 mm Härte: 75-93 A
	FITNESS UND RECREATION ø 76-80 mm Härte: 78-90 A

AEROWHEELS Spider

Fitness-Spezialist AEROWHEELS bietet Rollen für jeden Einsatzzweck. Selbst profilierte Regenrollen und Rollen mit Spikes gehören zum Lieferprogramm.

FITNESS-ROLLEN

KOPP

KOPP-Rollen gehören in der Speed-Skater-Szene zum guten Ton. Erhältlich in verschiedenen Härtegraden.

SPEED-ROLLEN

DIE LAGE
UNSER „KURSANGEBOT" IN HANNOVER UND UMGEBUNG

Inline-Skates funktionieren nur auf glattem Asphalt, der allerdings über etliche Kilometer hinweg sehr schwer zu finden ist. Erkundungen auf eigene Faust enden deshalb oft im geschotterten Abseits. Wo skaten also, wenn die immergleiche „Hausstrecke" nach und nach langweilig wird?

Wir bieten im INLINE GUIDE 15 Alternativen an, die von Inline-Scouts auf ihre Tauglichkeit gecheckt wurden. 15 Strecken unterschiedlichen Charakters, Routen zum bummeln und sprinten, Touren für Träumer und Tempo-Freaks. Dazu sei gesagt, daß die verkehrsrechtliche Situation der Inline-Skater vielen interessanten Rundkursen noch immer einen Riegel vorschiebt, denn wenn sich auch in der harten Realität

schon längst Sohlen, Reifen und Rollen die Wege teilen, so müssen sich doch alle Skater darüber im klaren sein, daß die Benutzung von Radwegen mit den rollenden Schuhen auch in der 99er Saison noch immer nicht erlaubt ist. Wir sind jedoch der Zeit ein wenig vorausgeeilt und haben in einige Routen auch Abschnitte auf Radwegen eingebaut, allein deshalb, weil es sich kaum vermeiden läßt. Wer diese Routen dennoch skatet, wird also zum Schwarzfahrer.

Um so wichtiger, daß Walker, Biker und Skater zukünftig noch mehr Rücksicht aufeinander nehmen. Wir haben die vorgestellten Routen mir großer Sorgfalt erkundet. Sollte sich dennoch irgendwo ein

Fehler eingeschlichen haben, so laßt es uns bitte wissen. Auch können wir nicht ausschließen, das Details sich im Laufe der Zeit verändern. Um den INLINE GUIDE immer auf dem aktuellsten Stand zu halten, sind Eure Hinweise – z.B. auf Baumaßnahmen – bei uns sehr willkommen.

Eine Übersicht aller in den Karten verwendeten Symbole zeigt Euch der praktische kleine Klapper auf der letzten Seite des Buches, den Ihr auch als Lesezeichen nutzen könnt.

Viel Spaß also bei der Lektüre und viele erlebnisreiche und sturzfreie Kilometer auf acht oder zehn Rollen.

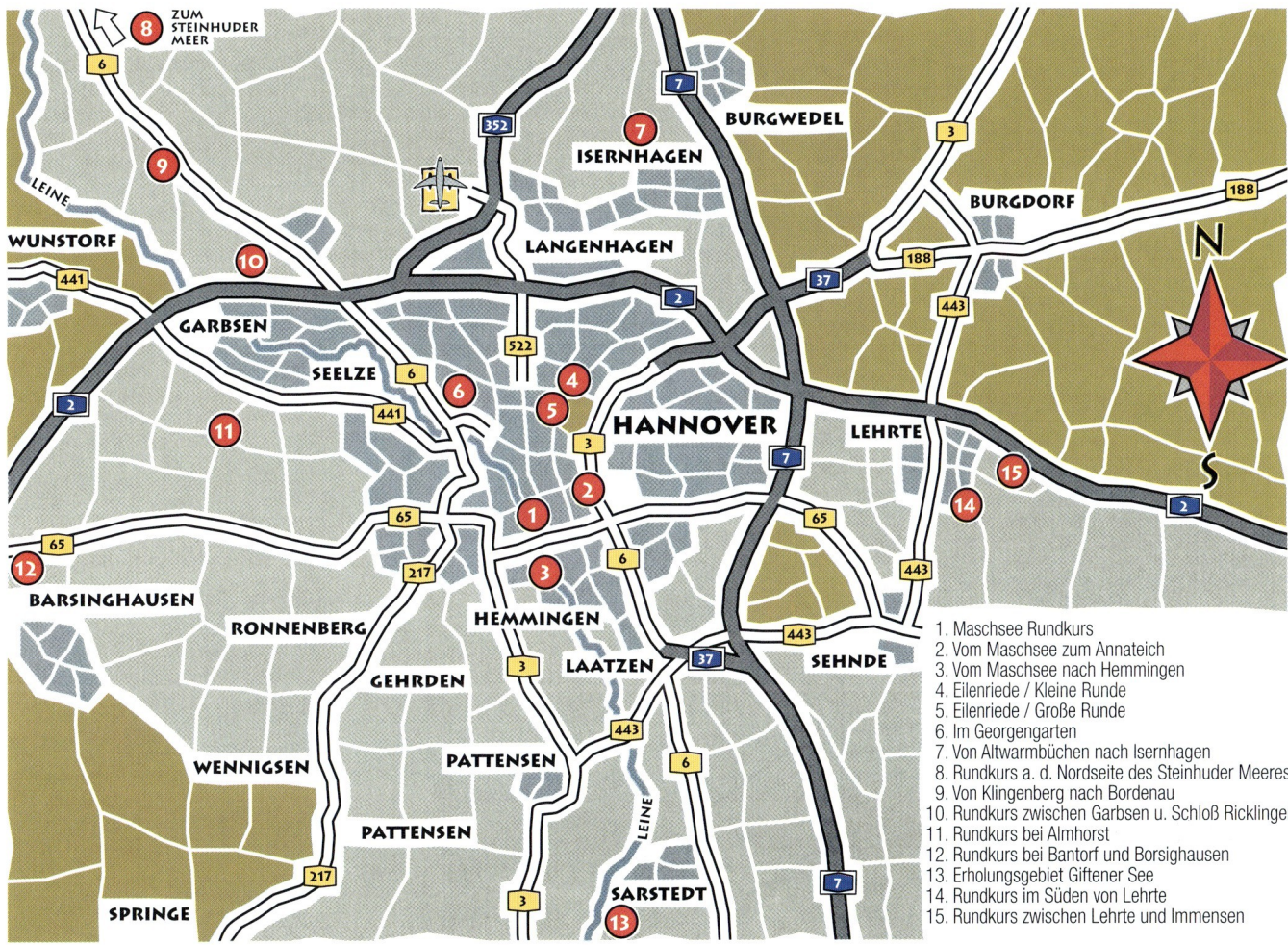

1. Maschsee Rundkurs
2. Vom Maschsee zum Annateich
3. Vom Maschsee nach Hemmingen
4. Eilenriede / Kleine Runde
5. Eilenriede / Große Runde
6. Im Georgengarten
7. Von Altwarmbüchen nach Isernhagen
8. Rundkurs a. d. Nordseite des Steinhuder Meeres
9. Von Klingenberg nach Bordenau
10. Rundkurs zwischen Garbsen u. Schloß Ricklingen
11. Rundkurs bei Almhorst
12. Rundkurs bei Bantorf und Borsighausen
13. Erholungsgebiet Giftener See
14. Rundkurs im Süden von Lehrte
15. Rundkurs zwischen Lehrte und Immensen

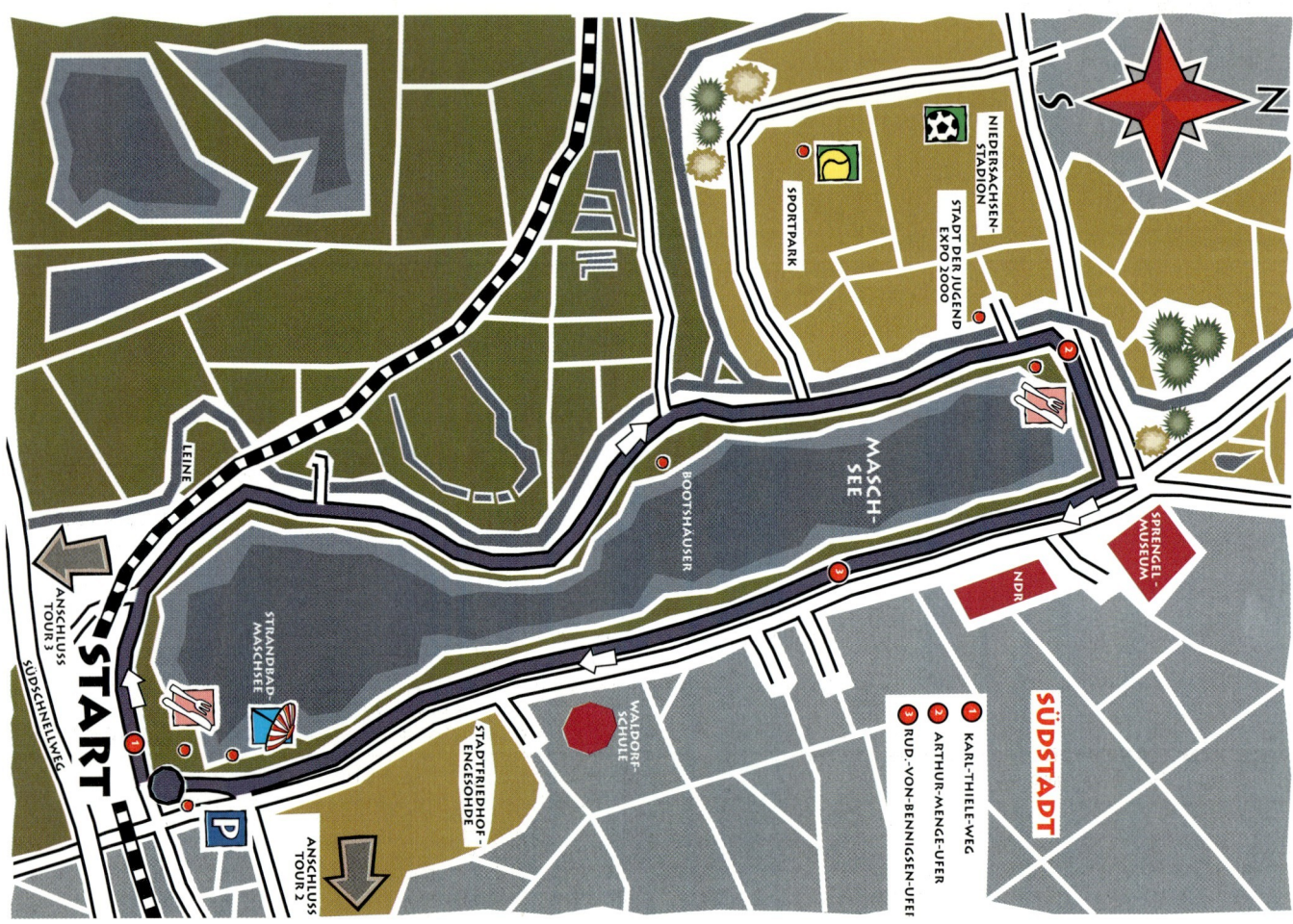

TOUR NR. 1
MASCHSEE RUNDKURS
6,3 KM / EINSTEIGER-GEEIGNET

LAGE:
Südöstlich des Stadtzentrums von Hannover, am Maschsee.

ANFAHRT:
BAB 7, Ausfahrt Hannover Anderten (Nr. 58). Weiter auf der B 65 Richtung Messe, Zentrum Garbsen. An der Ausfahrt Hannover Zentrum die B 65 verlassen und der Ausschilderung zum Maschsee folgen. Direkt nach der Bahnunterführung fahrt Ihr links auf den Parkplatz am Freibad.

STRECKENCHARAKTER:
100% sehr guter Asphalt, durchgängig ebene Strecke.

TIP:
Die Route folgt ausschließlich einem Fuß- und Radweg, so daß Ihr nicht mit dem Straßenverkehr in Berührung kommt. An Wochenenden (sogar im Winter) müßt Ihr Euch die Wege allerdings mit vielen Ausflüglern teilen. Landschaftlich ist der Rundkurs aber mehr als lohnend, da es viel zu sehen gibt und der Streckenbelag sehr gut ist. Für Freizeitskater und Familien ist die Tour sicherlich sehr zu empfehlen, für's Ausdauertraining muß man halt mehrere Runden fahren.Gastros/Biergarten am Startpunkt und bei km 3,2 (auf halber Strecke!). Außerdem gibt es am Startpunkt ein Freibad (Strandbad Maschsee) sowie Inline-Verleih und -schule (ISH).

BESCHREIBUNG:
Am Ende des Parkplatzes skatet Ihr nach rechts in den Karl-Thiele-Weg. Dort findet Ihr den Biergarten, den Inlineverleih und die ISH. Bei km 0,4 fahrt Ihr an der Abzweigung geradeaus. In der dann folgenden Rechtskurve seht Ihr auf der linken Seite die Leine. Bei km 1 skatet Ihr weiter geradeaus (nicht links über die Brücke). Nun rollt Ihr gut 1 km zwischen See und Leine und genießt die Umgebung. Bei km 2,2 fahrt Ihr an der Abzweigung Ohedamm weiter geradeaus und seht rechter Hand die Bootshäuser und einen Ruderclub. Auf gutem Asphalt skatet Ihr zwischen der Leine und dem Maschsee an einer kleinen Abzweigung weiter geradeaus. Jenseits der Leine ist linker Hand das Niedersachsen-Stadion. An der nächsten Abzweigung geht es weiter geradeaus, rechts neben Euch liegt der angekündigte Gastropunkt mit Biergarten und Eisbude. Bei km 3,4 stoßt Ihr auf das Arthur-Menge-Ufer, hier müßt Ihr nach rechts auf den Rad- und Fußweg fahren. Vor der dann folgenden Kreuzung müßt Ihr Euch rechts halten und skatet wieder auf dem Rad- und Fußweg vorbei am Sprengel Museum, welches links der Straße liegt. Danach geht es immer geradeaus am See entlang. Jetzt solltet Ihr den Blick mehr in Richtung See wenden, da auf der linken Seite nur relativ dichte Bebauung zu sehen ist. Weiter rollt Ihr auf die NDR-Rundfunkanstalten zu und nach ca. 1 km liegt links die Waldorfschule. Nach insgesamt 6,3 km seid ihr wieder am Parkplatz, dem Ausgangspunkt dieser Tour.

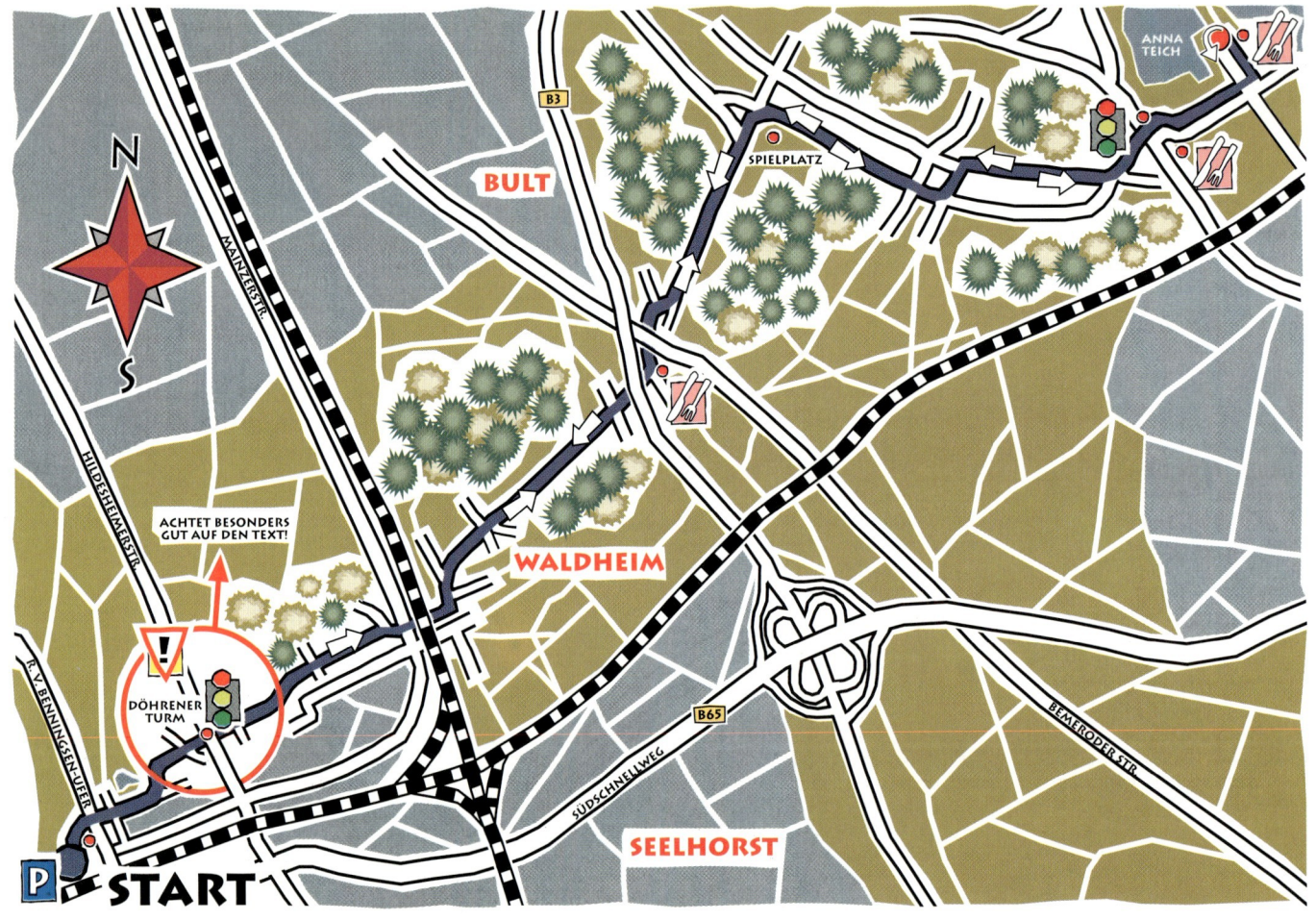

TOUR NR. 2
VOM MASCHSEE ZUM ANNATEICH
13,6 KM / EINSTEIGER-GEEIGNET

LAGE:

Südöstlich des Zentrums von Hannover.

ANFAHRT:

BAB 7, Ausfahrt Hannover-Anderten (Nr. 58). Weiter auf der B 65 Richtung Messe, Zentrum Garbsen. An der Ausfahrt Hannover Zentrum die B 65 verlassen und der Ausschilderung zum Maschsee folgen. Direkt nach der Bahnunterführung fahrt Ihr links auf den Parkplatz am Freibad.

STRECKENCHARAKTER:

94% Asphalt, 4% rauher Asphalt, 2% Verbundsteinpflaster. Hin- und Retourstrecke auf durchgängig ebenen Wegen.

TIP:

Die Tour ist eine lohnende Alternative zum Highlight „Maschsee" und eignet sich auch für Anfänger, da die Strecke durchgängig eben ist und überwiegend auf Rad- und Fußwegen ohne Autoverkehr verläuft (allerdings müßt Ihr einige Hauptstraßen überqueren).Gastros/Biergarten am Startpunkt und entlang der Strecke. Außerdem gibt's am Start ein Freibad (Strandbad Maschsee) sowie Inline-Verleih und -Schule (ISH).

BESCHREIBUNG:

Ihr fahrt an Biergarten und Strandbad vorbei zur Straße. Hier überquert Ihr an der Fußgängerampel das Rudolf von Bennigsen-Ufer und rollt auf der anderen Straßenseite geradeaus in den Vierthalerweg. Die nächste Abzweigung ignoriert Ihr und skatet linker Hand an einem Teich vorbei. An der nächsten Gabelung haltet Ihr Euch links (geradeaus ist der Weg unbefestigt) und erreicht nach ca. 300 m das Ende des Vierthalerweges. Hier rollt Ihr vor der kreuzenden Straße nach rechts auf einen Rad- und Fußweg. Nach 50 m kommt eine Fußgängerampel, an der Ihr die zweispurige Straße überquert. Auf gepflastertem Weg müßt Ihr nun vorbei am „Döhrener Turm", dann durch eine Absperrung skaten, zwei Bahngleise überfahren und erneut eine Absperrung passieren. Hier überquert Ihr wieder mittels Fußgängerampel eine zweispurige Straße und erreicht einen gut asphaltierten Rad- und Fußweg, dem Ihr in ein Waldstück hinein folgt. Die nächsten beiden Kreuzungen ignoriert Ihr einfach und skatet den asphaltierten Weg geradeaus. Jetzt läuft ein von links kommender Weg mit dem Euren zusammen und es folgt eine Kreuzung. Hier überquert Ihr die Mainzer Straße nach

links, rollt durch eine Unterführung hindurch und kommt auf einen gepflasterten Rad- und Fußweg. An der ersten Möglichkeit nach der Unterführung biegt Ihr links ab und rollt geradeaus durch Absperrpfosten hindurch. Jetzt habt Ihr wieder Asphalt unter den Rollen und skatet weiter auf einem Rad- und Fußweg. Die nächste Abzweigung ignoriert Ihr, fahrt geradeaus, die nächsten 400 m auf rauhem Asphalt. Danach wird der Belag wieder sehr gut und Ihr rollt über die nächste Kreuzung geradeaus hinweg. Nun kommt wieder eine Unterführung, unter der Ihr durchskatet und anschließend auf eine T-Kreuzung zurollt. Hier haltet Ihr Euch links Richtung Kleefeld/Walsrode und rollt rechter Hand an der ersten Gastro (mit Biergarten und frischen Waffeln!) vorbei. Bei km 3,2 müßt Ihr erneut unter einer Brücke durchskaten, folgt der Rechtskurve und fahrt an der nächsten Abzweigung geradeaus weiter. Nach 200 m stoßt Ihr auf eine T-Kreuzung und haltet Euch dort links. An der folgenden Weggabelung rollt Ihr rechts und an der nächsten Kreuzung wiederum rechts, vorbei an einem Spielplatz. Nun skatet Ihr ca. 600 m geradeaus und fahrt an der nächsten Kreuzung asphaltierter Wege erst links (Vorsicht, in der

Mitte Eures Weges liegt ein Baum!) und dann sofort wieder rechts. Die nächsten 600 m rollt Ihr auf gutem Asphalt, der allerdings bald Schäden aufweist (also runter mit dem Tempo) und Euch auf eine Kreuzung führt. Hier haltet Ihr Euch links und rollt nach 500 m auf eine Ampelanlage zu. Ihr überquert die Straße an der Ampel geradeaus und skatet in selber Richtung auf dem Rad- und Fußweg mit sehr gutem Asphalt unter den Rollen weiter. Rechter Hand laßt Ihr jenseits der Straße eine weitere Gastro liegen, links von Euch liegt nun der „Hermann-Löns-Park". Die nächste Kreuzung überquert Ihr zunächst geradeaus, biegt dann nach links auf den Rad- und Fußweg der rechten Straßenseite ab und rollt von dort aus direkt auf den „Annateich" zu. Nun habt Ihr bereits 6,8 km hinter Euch gebracht und befindet Euch am Wendepunkt der Tour. Rechter Hand liegt erneut eine Gastro, die „Alte Mühle", mit guter Speisekarte, aber gehobenen Preisen. Wer Dienstags hier wendet, hat Pech, denn dann ist Ruhetag. Nach kurzer Pause könnt Ihr dann auf bekannter Strecke zurück zum Ausgangspunkt skaten.

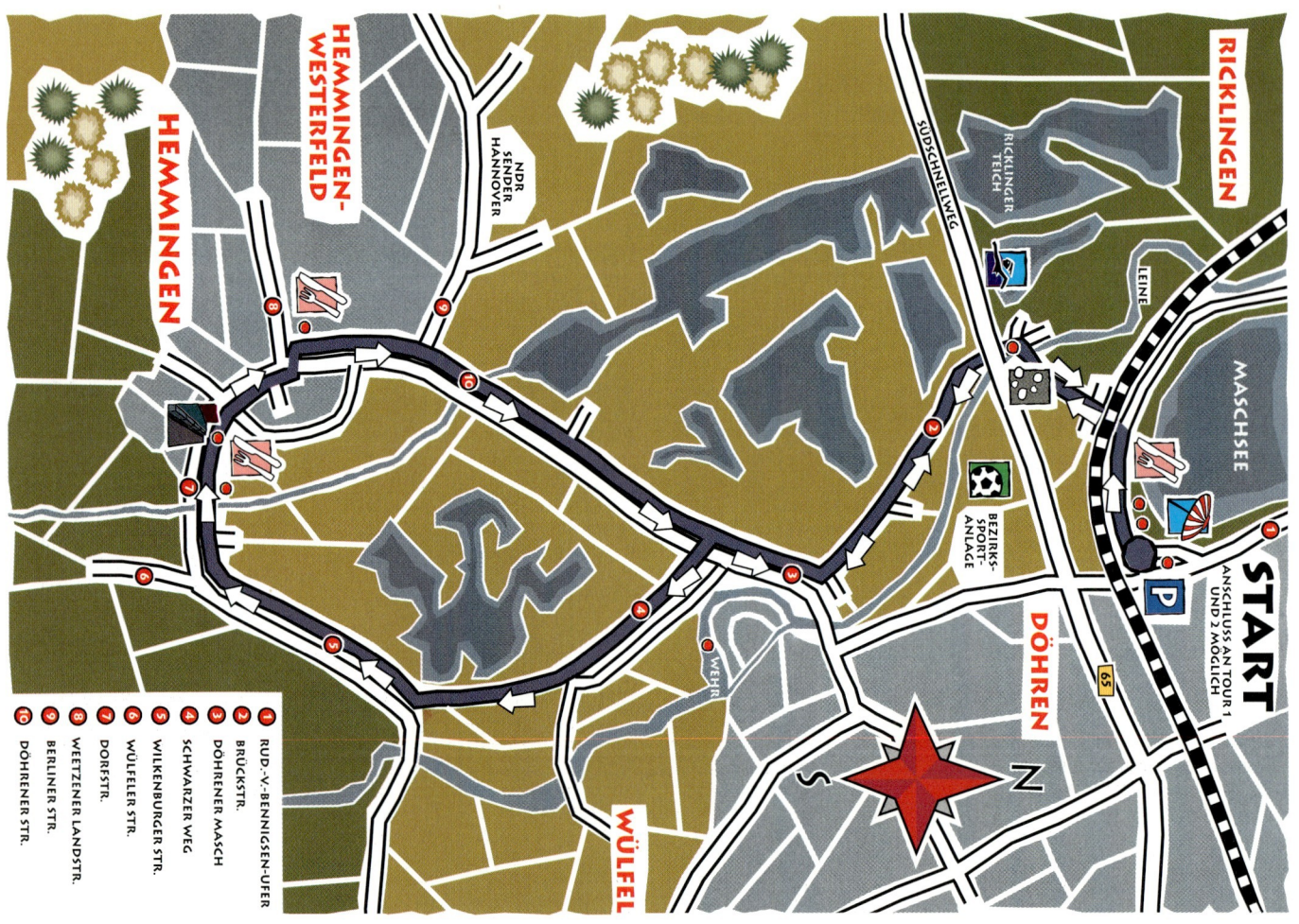

HEMMINGEN

HEMMINGEN-
WESTERFELD

NDR
SENDER
HANNOVER

RICKLINGEN

RICKLINGER
TEICH

SÜDSCHNELLWEG

LEINE

MASCHSEE

BEZIRKS-
SPORT-
ANLAGE

WEHR

DÖHREN

WÜLFEL

START
ANSCHLUSS AN TOUR 1
UND 2 MÖGLICH

65

S ↔ N

1 RUD.-V.-BENNIGSEN-UFER
2 BRÜCKSTR.
3 DÖHRENER MASCH
4 SCHWARZER WEG
5 WILKENBURGER STR.
6 WÜLFELER STR.
7 DORFSTR.
8 WETZENER LANDSTR.
9 BERLINER STR.
10 DÖHRENER STR.

TOUR NR. 3
VOM MASCHSEE NACH HEMMINGEN
8,2 KM / EINSTEIGER-GEEIGNET

LAGE:
Südlich des Maschsees.

ANFAHRT:
BAB 7, Ausfahrt Hannover-Anderten (Nr. 58). Weiter auf der B 65 Richtung Messe, Zentrum G. An der Ausfahrt Hannover-Zentrum die B 65 verlassen und der Ausschilderung Maschsee folgen. Direkt nach der Bahnunterführung fahrt Ihr links auf den Parkplatz am Freibad.

STRECKENCHARAKTER:
75% Asphalt, davon 600 m rauher Asphalt und 25% Verbundsteinpflaster. Durchgängig ebene Hin- und Retour-Strecke mit Rundkurs anstelle eines Wendepunktes.

TIP:
Landschaftlich ist die Strecke abwechslungsreich mit viel Grün (teilweise Kleingarten-Idylle) und immer wieder Wasser. Ihr teilt Euch die Wege mit deutlich weniger Besuchern als direkt am Maschsee und seid raus aus dem großen Trubel, so daß die Tour einen erholsamen Freizeitcharakter hat, wenn auch die Bereiche in Hemmingen nicht mehr ganz so gut ausgebaut sind. Wer nach dieser Tour noch Lust und Kondition hat, kann natürlich vom Endpunkt noch direkt eine 6,3 km-Tour rund um den Maschsee dranhängen (siehe Tour Nr. 1). Gastros/Biergarten am Startpunkt und entlang der Strecke. Außerdem gibt's am Start ein Freibad (Strandbad Maschsee) sowie Inline-Verleih und -Schule (ISH).

BESCHREIBUNG:
Am Ende des Parkplatzes skatet Ihr nach rechts in den Karl-Thiele-Weg und rollt an Gastros, Inlineverleih, Freibad und den Seebesuchern vorbei. Bei km 0,4 fahrt Ihr an der Abzweigung links und unter einer Bahnunterführung hindurch. An der direkt folgenden Straßenkreuzung geht es geradeaus weiter auf einem Rad- und Fußweg. Nach 400 m fahrt Ihr über eine Brücke, unter Euch fließt die Leine und ab jetzt gibt es wieder viel Wasser zu sehen. Nach der Brücke rollt Ihr auf eine Kreuzung zu und haltet Euch links. Achtung, hier kommen ca. 20 m unbefestigter Weg, dafür werdet Ihr anschließend mit sehr gutem Asphalt belohnt. Bei km 1,0 skatet Ihr unter einer Brücke durch, müßt nach 300 m durch eine Absperrung und rollt nun durch die Kleingärten. Die nächste Abzweigung laßt Ihr links liegen und fahrt weiter geradeaus, bis Ihr auf eine T-Kreuzung stoßt. Hier müßt Ihr rechts fahren und habt nun auf einem Rad- und Fußweg Pflaster unter den Rollen. Bei km 2,2 müßt Ihr die Straße nach links überqueren und in den Schwarzer Weg (Sackgasse) einbiegen. Nach 1 km des Dahingleitens auf gutem Asphalt kommt eine Abzweigung, an der Ihr Euch rechts halten müßt. Hier rollt Ihr dann wieder auf einem Rad- und Fußweg (durch Grünstreifen von der Straße abgetrennt) mit mäßigem Pflasterbelag, der aber nach 500 m wieder in Asphalt übergeht. An der folgenden Abzweigung bei km 3,8 haltet Ihr Euch wieder rechts und rollt über einen gut asphaltierten Rad- und Fußweg (allerdings ohne Grünstreifen und nur mit doppelter Linienmarkierung von der Straße getrennt). Die nächste Abzweigung laßt Ihr rechts liegen und fahrt weiter geradeaus über eine Holzbrücke nach Hemmingen hinein. Rechter Hand fahrt Ihr vorbei an einem Gasthof und einem Hotel, rollt über einen gepflasterten Fußweg der rechten Straßenseite über die Abzweigungen Gänsemarsch und Kapellenweg hinweg und wechselt nach dem Kapellenweg die Straßenseite, da der Fußweg dort besser gepflastert ist. Bei km 4,7 liegt links ein Gasthaus (gehobenere Preisklasse). Ihr folgt jedoch weiter dem gepflasterten Fußweg der linken Straßenseite und fahrt um eine kleine grüne Insel herum stadtauswärts Richtung Döhren. Dabei müßt Ihr auf dem Rad- und Fußweg eine links abzweigende Straße überqueren. Die nächste Abzweigung nach links bei km 5,4 einfach ignorieren und geradeaus weiterfahren. Ab km 5,9 wird der Fußweg wieder breiter, Ihr rollt aber immer noch auf Pflaster. Die nächste Abzweigung rechts ist wieder der Schwarze Weg, dort fahrt Ihr geradeaus und auf bekannter Strecke zurück zum Startpunkt.

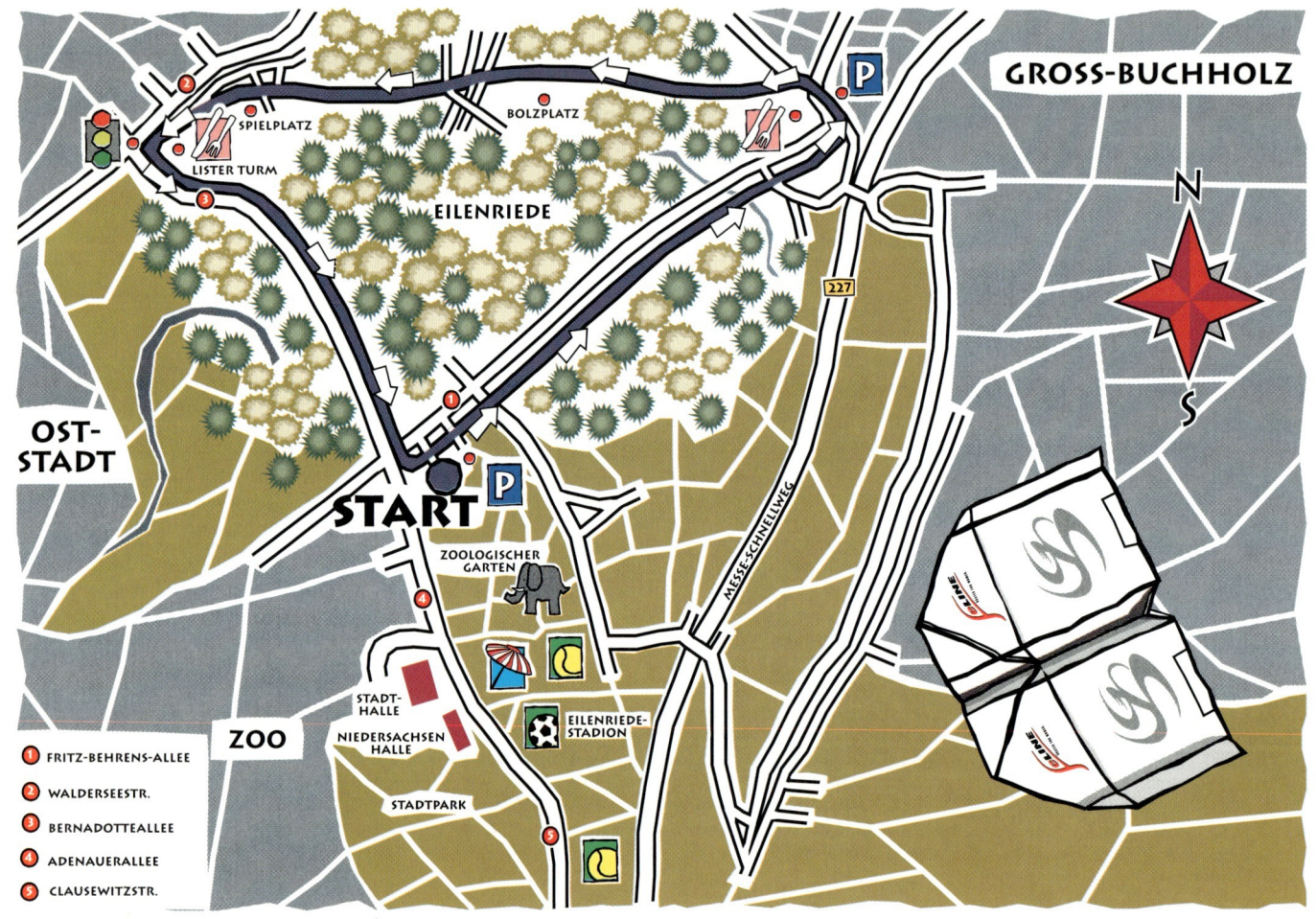

GROSS-BUCHHOLZ

N
S

OST-
STADT

EILENRIEDE

BOLZPLATZ

SPIELPLATZ

LISTER TURM

227

MESSE-SCHNELLWEG

START

ZOOLOGISCHER
GARTEN

STADT-
HALLE

NIEDERSACHSEN
HALLE

EILENRIEDE-
STADION

ZOO

STADTPARK

1 FRITZ-BEHRENS-ALLEE

2 WALDERSEESTR.

3 BERNADOTTEALLEE

4 ADENAUERALLEE

5 CLAUSEWITZSTR.

TOUR NR. 4
EILENRIEDE / KLEINE RUNDE
5,1 KM / EINSTEIGER-GEEIGNET

LAGE:
Östlich des Zentrums von Hannover.

ANFAHRT:
BAB 2, am AK Buchholz auf die BAB 37 Richtung Hannover/Messe. Die BAB 37 geht dann über in die B 3, dieser folgt Ihr bis zur Ausfahrt Hannover-Kleefeld. An der Ausfahrt folgt Ihr der Ausschilderung Zentrum/Zoo. Direkt an der ersten Ampelkreuzung rechts in die Clausewitzstraße einbiegen und dieser über den Theodor-Heuss-Platz und die Adenaueralle geradeaus folgen, bis rechter Hand der Zoo auftaucht. An der Kreuzung nach dem Zoo biegt Ihr nach rechts ab und müßt der Ausschilderung zum Parkplatz folgen.

STECKENCHARAKTER:
96% sehr guter Asphalt, 4% Verbundsteinpflaster. Durchgängig ebene Strecke. Kombiniert mit der Tour Nr. 6 beträgt die Länge knapp 11 km.

TIP:
Die Tour folgt ausschließlich einem Rad- und Fußweg mit sehr gutem Belag. Das Landschaftsbild entlang der Strecke ist von viel Grün mit Stadtwaldcharakter geprägt. Allerdings müßt Ihr vor allem an schönen Wochenenden mit vielen Besuchern rechnen. Zwei Gastros direkt an der Strecke (bei km 1,5 und 3,8) mit schöner Gartenterrasse bzw. Biergarten.

BESCHREIBUNG:
Ihr startet an der Parkplatzeinfahrt nach rechts und skatet auf dem Rad- und Fußweg mit Grünstreifen an der Parkplatzausfahrt vorbei immer geradeaus und parallel zur Fritz-Behrens-Allee. Auch an der nächsten Abzweigung haltet Ihr Euch geradeaus und rollt bei km 1,1 über den Bauerngraben, eine kleine Brücke mit Holzbelag. An der folgenden Kreuzung geht es weiter geradeaus, Ihr skatet (durch einen Grünstreifen abgetrennt) parallel zur Fritz-Behrens-Allee. Bei km 1,4 skatet Ihr zwischen

Absperrpfosten durch und folgt der Linkskurve (Abzweigung nach rechts ignorieren). Die Gastro „Steuerndieb" bei km 1,5 laßt ihr links jenseits der Straße liegen und rollt etwa 100 m über Pflaster an einem Parkplatz vorbei. Am Ende des Parkplatzes überquert Ihr die Straße nach links und müßt erneut durch Absperrpfosten skaten. Hier habt Ihr wieder sehr guten Asphalt unter den Rollen und haltet Euch an der folgenden Gabelung links. Ihr folgt dem Weg immer weiter geradeaus, vorbei an einem Bolzplatz mit Toren, und überquert die darauf folgende Kreuzung geradeaus. Bei km 3,5 passiert Ihr wieder eine Kreuzung und haltet Euch geradeaus auf dem asphaltierten Weg. Linker Hand liegt ein Spielplatz, an dem Ihr vorbei skatet. Nun laufen zwei Wege zusammen, doch Ihr haltet Euch weiter geradeaus. Bei km 3,8 kommt eine Kreuzung mit Ampelanlage, an der Ihr Euch links halten müßt und wieder auf einem Rad- und Fußweg skatet (Ihr habt die Wahl zwischen Pflaster auf dem

Fußweg oder rauhem Asphalt auf dem Radweg). Außerdem liegt hier links die angekündigte Gastro mit Biergarten. Weiter geht es wieder auf sehr gutem Asphalt, bis Ihr bei km 5,0 an eine Kreuzung kommt. Hier überquert Ihr zunächst die Fritz-Behrens-Allee, danach biegt Ihr nach links ein und rollt zum Parkplatz zurück.

GROSS-BUCHHOLZ

N
S

OST-STADT

EILENRIEDE

BOLZPLATZ

SPIELPLATZ

LISTER TURM

227

START

ZOOLOGISCHER GARTEN

STADT-HALLE

NIEDERSACHSEN HALLE

ZOO

STADTPARK

EILENRIEDE-STADION

MESSE-SCHNELLWEG

SPIELPLATZ RODELBAHN

1 FRITZ-BEHRENS-ALLEE
2 WALDERSEESTR.
3 BERNADOTTEALLEE
4 ADENAUERALLEE
5 CLAUSEWITZSTR.

TOUR NR. 5
EILENRIEDE / GROSSE RUNDE
7,9 KM / EINGESCHRÄNKT EINSTEIGER-GEEIGNET

LAGE:
Östlich des Zentrums von Hannover.

ANFAHRT:
siehe Tour Nr. 5

STECKENCHARAKTER:
98% sehr guter Asphalt (davon 200 m rauh), 2% Verbundsteinpflaster. Die Tour verläuft in Form eines Rundkurses von 7,9 km Länge und weist seltene aber starke Steigungen und ebensolche Gefälle auf.

TIP:
Die Tour folgt ausschließlich einem Rad- und Fußweg mit sehr gutem Belag. Das Landschaftsbild entlang der Strecke ist von viel Grün mit Stadtwaldcharakter geprägt. Allerdings müßt Ihr vor allem an Wochenenden mit vielen Besuchern rechnen, die ebenso wie Ihr Erholung suchen. Die Strecke bietet tolle Kombinationsmöglichkeiten, so daß Ihr auf insgesamt 11 km Länge kommen könnt, wenn Ihr sie beispielsweise in Form einer Acht fahrt. Durch die recht starken Steigungen und Gefälle ist die Tour allerdings nicht für

Anfänger geeignet. Zwei Gastropunkte direkt an der Strecke mit Gartenterrasse bzw. Biergarten.

BESCHREIBUNG:
Ihr startet an der Parkplatzeinfahrt nach rechts und skatet auf dem Rad- und Fußweg an der Parkplatzausfahrt vorbei. An der ersten Möglichkeit fahrt Ihr rechts. Auf sehr gutem Asphalt rollt ihr an der nächsten Abzweigung geradeaus weiter und laßt rechter Hand einen Fußballplatz liegen. Am nun folgenden Abzweig haltet Ihr Euch links, denn geradeaus ist der Weg unbefestigt. Nun fahrt Ihr 200 m über relativ rauhen Asphalt und passiert eine Absperrung, die zu einer Brücke (mit Geländer) führt. Hier habt ihr wieder guten Asphalt unter den Rollen, müßt aber eine starke Steigung überwinden und überquert dann den Messeschnellweg. Nach einem starken Gefälle seid Ihr auf der anderen Seite angekommen und haltet Euch rechts. Achtung: Ihr müßt erneut durch Absperrpfosten skaten, also nicht zu viel Tempo. Nach 400 m laßt Ihr rechts einen Spiel-

platz und eine Rodelbahn (im Winter) liegen und rollt auf das Ende des Weges zu, welcher durch einen Schlagbaum abgesperrt ist. Ihr passiert diese Absperrung linker Hand über 10 m unbefestigten Weg, haltet Euch danach direkt wieder links und habt erneut sehr guten Asphalt unter Euch. Knapp 2 km weiter kommt eine Abzweigung, die Ihr ignoriert und geradeaus weiterfahrt. Kurz darauf - bei km 3,8 - stoßt Ihr auf eine T-Kreuzung und haltet Euch links. Ihr skatet zwischen Absperrpfosten hindurch und müßt über eine Brücke, um erneut den Messeschnellweg zu überqueren. Wieder ist eine starke Steigung und das entsprechende Gefälle zu überwinden. Drüben angekommen haltet Ihr Euch rechts und kommt nach ca. 300 m an eine Abzweigung. Hier rollt Ihr geradeaus auf dem gepflasterten Rad- und Fußweg an einem Parkplatz vorbei. Linker Hand laßt Ihr die Gastro „Steuerndieb" liegen (oder auch nicht) und überquert am Ende des Parkplatzes die Straße nach links. Jetzt skatet Ihr auf sehr gutem Asphalt zwischen Absperrpfosten durch und haltet Euch an der folgenden Weg-

gabelung links. Ihr folgt dem Weg immer weiter geradeaus, vorbei an einem Bolzplatz mit Toren, und überquert die darauf folgende Kreuzung geradeaus. Bei km 6,2 passiert Ihr wieder eine Kreuzung und haltet Euch geradeaus auf dem asphaltierten Weg. Linker Hand liegt ein Spielplatz an dem Ihr vorbei skatet. Nun laufen zwei Wege zusammen, doch Ihr haltet Euch weiter geradeaus. Bei km 6,5 kommt eine Kreuzung mit Ampelanlage, an der Ihr Euch links halten müßt und wieder auf einem Rad- und Fußweg skatet (Ihr habt die Wahl zwischen Pflaster auf dem Fußweg oder rauhem Asphalt auf dem Radweg). Außerdem liegt hier linker Hand eine weitere Gastro mit Biergarten. Die Tour geht weiter auf sehr gutem Asphalt, bis Ihr bei km 7,7 an eine Kreuzung kommt. Hier überquert Ihr zunächst die Fritz-Behrens-Allee, danach biegt Ihr nach links ein und rollt zum Parkplatz zurück.

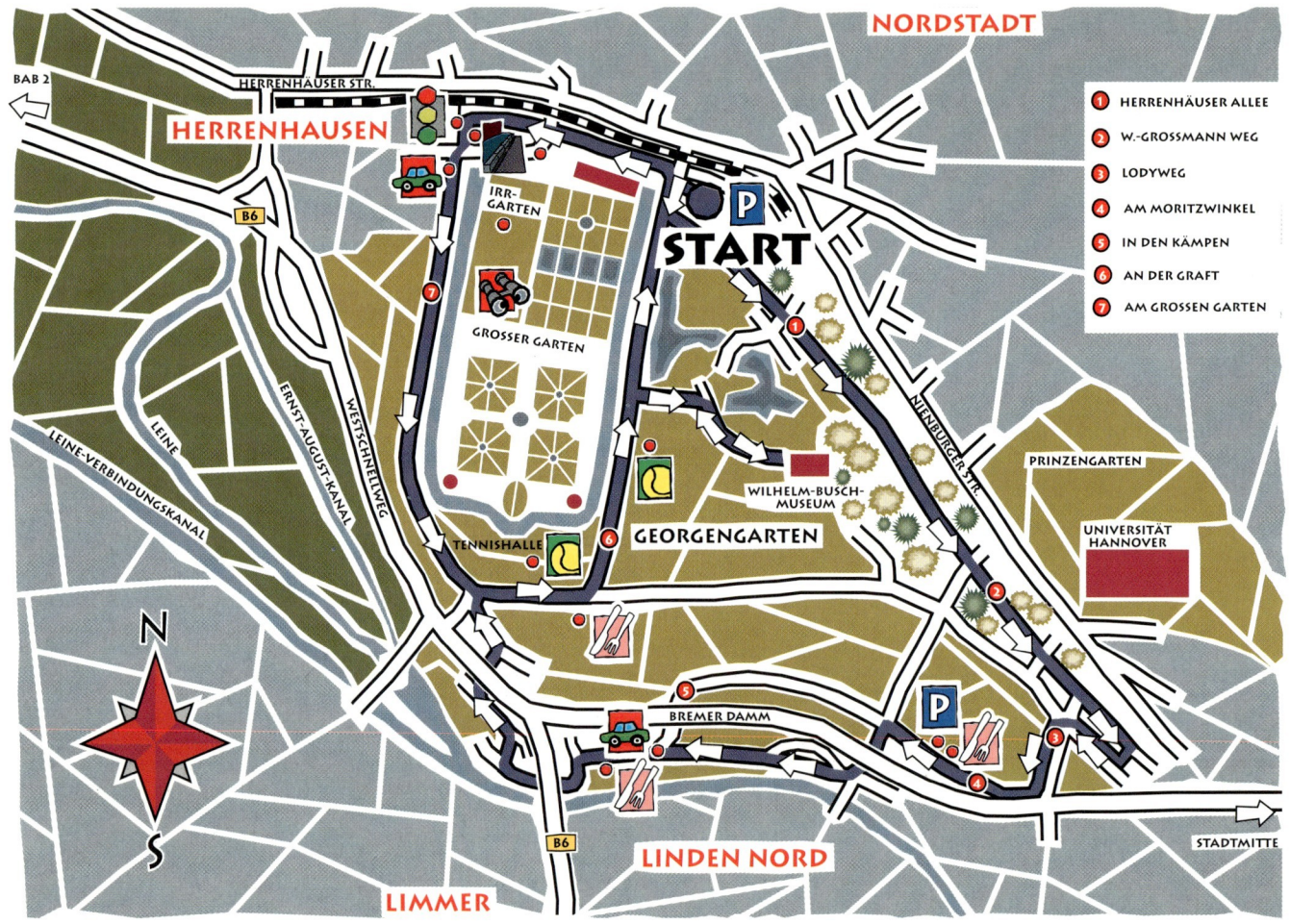

TOUR NR.6
IM GEORGENGARTEN
6,7 KM BZW. 9,8 KM / EINSTEIGER-GEEIGNET

LAGE:
In Herrenhausen.

ANFAHRT:
BAB 2, Ausfahrt Hannover-Herrenhausen. Dort weiter Richtung Hannover auf dem Westschnellweg (B 6). Die B 6 an der Ausfahrt Herrenhausen-Hainholz verlassen und an der 1. Kreuzung weiter Richtung „Herrenhäuser Gärten". Auf dem ausgeschilderten Parkplatz "Herrenhausen" (nach dem „Großen Garten") rechts der Straße parken.

STRECKENCHARAKTER:
Es gibt einen kleinen und einen größeren Rundkurs, beide sind durchgängig eben. Der Belag beider Strecken besteht zu 93% aus Asphalt, 7% sind mit Verbundsteinen gepflastert. Die kleinere Tour verläuft ausschließlich auf Rad- und Fußwegen, die größere u.a. auf wenig befahrenen Kfz-Straßen.

TIP :
Die Qualität der Strecke ist insgesamt gut. Durch die zentrale Lage ist die Besucherfrequenz (selbst im Winter) sehr hoch, so daß Ihr Euch die Wege mit einigen Skatern, Fußgängern und Radfahrern teilen müßt. Die Tour ermöglicht es, den gesam-

ten Komplex der „Herrenhäuser Gärten" zu entdecken, dabei kommt es vor, daß die Streckenführung nicht immer ganz einfach ist. Am Startpunkt gibt es einen Imbißstand und bei km 3,2 eine Gastro mit Biergarten und Blick auf die Leine.

BESCHREIBUNG:
Von der Parkplatzeinfahrt rollt Ihr nach links ca. 30 m über Pflaster auf der Straße An der Graft und sofort wieder links auf den breiten, gut asphaltierten Walter-Großmann-Weg. Die erste Abzweigung ignoriert Ihr und rollt auch über die Abzweigung Wickopweg geradeaus hinweg. Die nächsten beiden Abzweigungen laßt Ihr ebenfalls rechter Hand liegen und rollt ab km 1,6 auf Pflaster. Danach skatet Ihr (noch vor dem Schnellweg) in eine Abzweigung nach rechts und direkt wieder rechts, so daß Ihr Euch auf einem asphaltierten Fußweg befindet. An der Abzweigung Lodyweg überquert Ihr die Straße nach links, um auf dem asphaltierten Fußweg der rechten Straßenseite weiter zu skaten. Ihr rollt rechter Hand an einem Spielplatz vorbei und müßt Euch an der Abzweigung unter der Hochstraße rechts halten, um auf dem gepflasterten Fußweg der rechten Straßenseite Richtung Uni-Sportzentrum weiter zu fahren. Nach etwa 200 m skatet

Ihr durch eine Absperrung und rollt parallel zur Hochstraße. Nun liegt rechter Hand eine Gastro. Ihr rollt auf dem asphaltierten Weg über den Parkplatz und stoßt kurz darauf auf eine Kreuzung von befestigten Wegen. Hier haltet Ihr Euch links, rollt durch die Unterführung, direkt danach (noch vor der Brücke) biegt Ihr rechts ab und haltet Euch an der dann folgenden Gabelung links. Euer Weg mündet auf eine Straße. Dieser folgt Ihr geradeaus und seht rechts die Parkplätze der Gastro „Dornröschen". Nachdem Ihr die Gastro links habt liegenlassen, kommen (nur) 100 m mit sehr schlechtem Asphalt. Bei km 3,7 müßt Ihr in einer Rechtskurve links abbiegen und durch eine Absperrung hindurchskaten. Euch rechts haltend rollt Ihr unter einer Brücke durch und nehmt nach dieser direkt die Abzweigung nach rechts hinauf. Oben angekommen haltet Ihr Euch links und skatet an der ersten Möglichkeit wieder rechts durch eine Unterführung. An der nächsten T-Kreuzung biegt Ihr wieder nach links ab und müßt die folgende T-Kreuzung in einer Rechts-Rechts-Kombination fahren. Nun seid Ihr auf einem sehr gut asphaltierten Fußweg. Nach ca. 600 m rollt Ihr an einem Gastro-Hinweisschild („Zur Sonne") vorbei und biegt wieder links in den Weg An der Graft ein. Die

nächste Abzweigung nach rechts ist eine Sackgasse, lädt aber zu einem Abstecher ins Wilhelm-Busch-Museum ein. Wenn Ihr darauf Lust habt, rollt Ihr also nach rechts, an der folgenden T-Kreuzung wieder rechts über eine kleine Brücke mit Holzbelag. Nun steht Ihr vor dem Museum, werft einen kurzen oder langen Blick hinein und rollt anschließend diese 200 m „Umweg" wieder zurück. An der T-Kreuzung haltet Ihr Euch jetzt rechts, rollt die letzten 500 m in Richtung Parkplatzeinfahrt und könnt die Tour beenden.
Wenn Ihr noch den „Großen Garten" umrunden möchtet, rollt vor bis zu den Bahngleisen. Noch vor den Gleisen biegt Ihr links auf den asphaltierten Rad- und Fußweg. Ihr rollt auf eine Kreuzung mit Ampelanlage zu und biegt in den Fußweg Am Großen Garten (linke Straßenseite) ein. Über die nächste Kreuzung rollt Ihr geradeaus hinweg und skatet jetzt auf der asphaltierten Straße weiter. Der Belag ist allerdings sehr wechselhaft: mal gut, mal schlecht. Auf der Straße ist zwar wenig Verkehr, trotzdem solltet Ihr verstärkt auf Autos achten! An der nächsten Abzweigung haltet Ihr Euch wieder geradeaus. Ihr befindet Euch nun auf bekanntem Weg und skatet zurück zum Parkplatz.

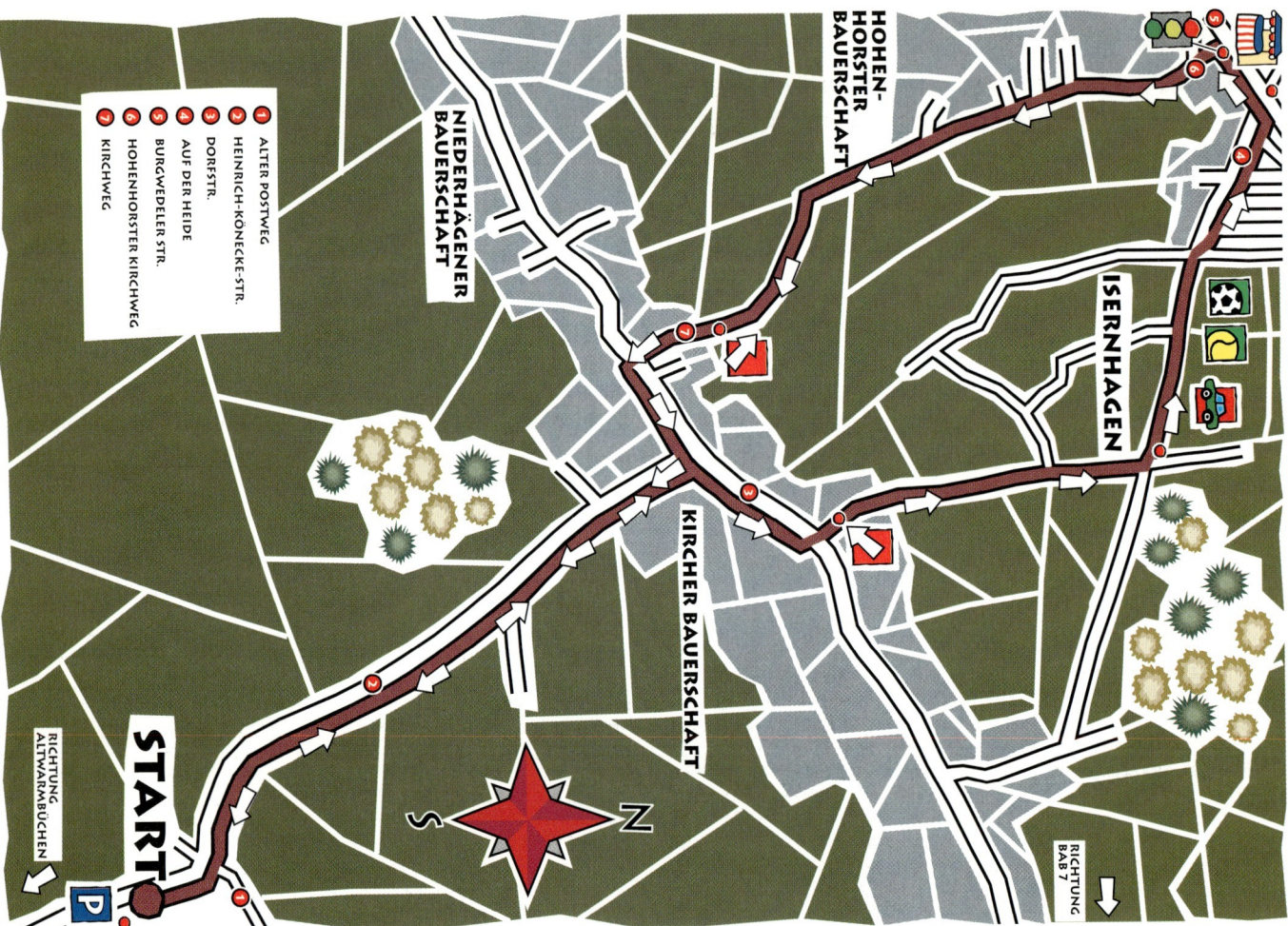

START

RICHTUNG ALTWARMBÜCHEN

NIEDERHÄGENER BAUERSCHAFT

HOHEN-HORSTER BAUERSCHAFT

KIRCHER BAUERSCHAFT

ISERNHAGEN

RICHTUNG BAB 7

W ─ O

① ALTER POSTWEG
② HEINRICH-KÖNECKE-STR.
③ DORFSTR.
④ AUF DER HEIDE
⑤ BURGWEDELER STR.
⑥ HOHENHORSTER KIRCHWEG
⑦ KIRCHWEG

TOUR NR. 7
VON ALTWARMBÜCHEN NACH ISERNHAGEN
12,3 KM / EINGESCHRÄNKT EINSTEIGER-GEEIGNET

LAGE:
Nordöstlich von Hannover im Landkreis Isernhagen

ANFAHRT:
BAB 2, Ausfahrt Hannover-Lahe. Weiter Richtung Altwarmbüchen. Nach Altwarmbüchen hineinfahren und an der dritten Ampel links Richtung Großburgwedel/Ortsmitte abbiegen. Auf dieser Straße geradeaus durch Altwarmbüchen hindurchfahren. Nach ca. 800 m kommt auf der rechten Seite ein Parkplatz, auf dem Ihr parken könnt.

STECKENCHARAKTER:
60% Asphalt, davon ca. 300 m rauh, 28% Betonplatten und 12% Verbundsteinpflaster. Hin- und Retourstrecke mit großem Rundkurs statt Wendepunkt. Seltene leichte Steigungen und Gefälle.

TIP:
Abwechslungsreiche Landschaft, überwiegend Felder und Wiesen mit vereinzelter Bebauung, hinter der aber wieder Felder liegen. Die Strecke ist vorwiegend von erholungsuchenden Fußgängern frequentiert. Nur wenige Skater sind unterwegs, von daher ist die Strecke noch sehr angenehm zu fahren. Leider liegen keine netten Gastros an der Strecke, aber für den Notfall liegt bei km 5,9 auf der gegenüberliegender Straßenseite ein Getränkehandel mit angeschlossener Fritten- und Eisbude. Etwa 1,2 km vor dem Startpunkt liegt ein Spielplatz mit 2 Skate-Rampen.

BESCHREIBUNG:
Vom Parkplatz müßt Ihr zunächst zurück zur Straße und nach rechts auf den Rad- und Fußweg über Betonplatten skaten. Nach 200 m kommt eine Abzweigung (Alte Poststraße), die Ihr rechts liegen laßt und weiter geradeaus fahrt. Ab km 1 rollt Ihr über guten Asphalt, fahrt bei km 1,9 über eine rechts liegende Abzweigung geradeaus weiter und kommt nach 200 m nach Isernhagen hinein. Dort stoßt Ihr auf eine T-Kreuzung, an der Ihr Euch rechts haltet und auf dem Rad- und Fußweg der rechten Straßenseite auf gutem Asphalt weiterrollt. Bei km 3,2 liegt in einer leichten Rechtskurve auf der linken Straßenseite ein Fachwerkhaus mit einer Giebelbeschriftung (Hopfenspeicher). Hinter diesem Fachwerkhaus müßt Ihr die Straße nach links überqueren und in die Dorfstraße hineinfahren. Schild: Land- und Forstwirtschaftsweg (Achtung, hier kommt ein leichtes Gefälle). Die nächste links liegende Abzweigung ignoriert Ihr und rollt weiter geradeaus bis Ihr auf eine T-Kreuzung stoßt. Dort haltet Ihr Euch links, geradeaus ist der Weg unbefestigt. Auf den nächsten 600 m ist absolute Vorsicht angebracht, da Ihr Euch diese Straße mit dem öffentlichen Verkehr teilen müßt. Vor der nächsten Kreuzung laßt Ihr rechter Hand einen Tennis- und einen Fußballplatz liegen, rollt über die Kreuzung geradeaus hinweg und skatet ab hier auf der rechten Straßenseite wieder auf einem gepflasterten Fußweg. Diesem Fußweg folgt Ihr über einige Querstraßen hinweg bis zu einer T-Kreuzung. Hier haltet Ihr Euch links und skatet auf dem gepflasterten Rad- und Fußweg der linken Straßenseite weiter.

Nun kommt eine Fußgängerampel, nach der Ihr links in den Hohenhorster Kirchweg einbiegt. Ihr rollt über Asphalt an einer Abzweigung geradeaus, linker seht Ihr Felder und Wiesen. Bei km 7,0 skatet Ihr rechter Hand an einer Schule vorbei und haltet Euch an der Abzweigung geradeaus. Ihr ignoriert auch die nächsten drei Abzweigungen nach rechts und haltet Euch weiter geradeaus auf dem Land- und Forstwirtschaftsweg. Diesem Weg folgt Ihr durch eine Linkskurve. Bei km 8,8 seht Ihr nach längerer Zeit wieder Häuser, die rechts und links der Straße stehen. Nun müßt Ihr eine leichte Steigung auf Asphalt mit einigen Schäden überwinden. Am Ende des Kirchweges rollt Ihr etwa 40 m über Pflaster und stoßt auf eine Straße, die Ihr geradeaus überquert, um auf der gegenüberliegenden Straßenseite nach links dem gepflasterten Fußweg zu folgen. Die folgende abzweigende Straße überquert Ihr zunächst, um danach in diese rechts einzubiegen. Nun folgt Ihr dem bereits bekannten Weg bis zum Parkplatz.

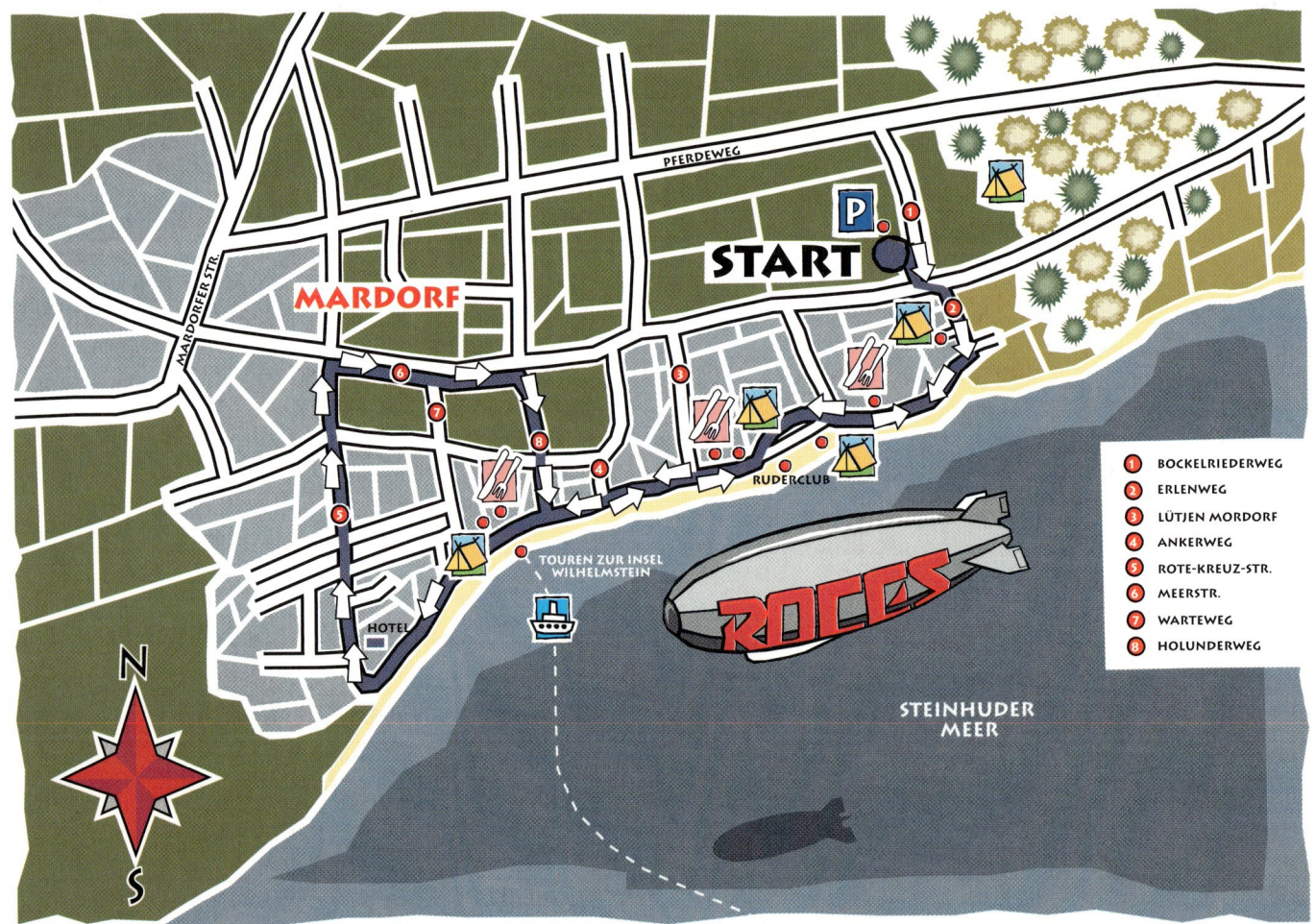

PFERDEWEG

MARDORF

START

MARDORFER STR.

RUDERCLUB

TOUREN ZUR INSEL
WILHELMSTEIN

HOTEL

ROCES

STEINHUDER
MEER

N
S

1 BOCKELRIEDERWEG
2 ERLENWEG
3 LÜTJEN MORDORF
4 ANKERWEG
5 ROTE-KREUZ-STR.
6 MEERSTR.
7 WARTEWEG
8 HOLUNDERWEG

TOUR NR. 8
RUNDKURS AN DER NORDSEITE DES STEINHUDER MEERES
5,7 KM / EINSTEIGER-GEEIGNET

LAGE:
Am Nordufer des Steinhuder Meeres, westlich von Hannover.

ANFAHRT:
BAB 2, Ausfahrt Hannover-Herrenhausen. Weiter auf der B 6 Richtung Neustadt a. Rbge./Nienburg. Nach Neustadt a. Rbge. der Ausschilderung zum Steinhuder Meer über Schneeren nach Mordorf folgen. Nach Mordorf hineinfahren und an der 1. Möglichkeit links in den Pferdeweg einbiegen (an dieser Abzweigung ist ein Parkplatz ausgeschildert). Dem Pferdeweg folgt Ihr über ca. 1,7 km Richtung Neustadt. Kurz nach Beginn eines Waldstückes biegt Ihr rechts in die Straße Bockelriede ein und folgt dieser, bis auf der rechten Seite ein ausgeschilderter Parkplatz auftaucht.

STRECKENCHARAKTER:
89% Asphalt (teilweise sehr gut), 11% Pflaster. Der Rundkurs verläuft zum größten Teil auf durchgängig ebenen Rad- und Wanderwegen. Ihr kommt mit kleinen Ausnahme nicht mit dem öffentlichen Straßenverkehr in Berührung.

TIP:
Die Qualität der Strecke ist insgesamt gut. Sie führt überwiegend am See und einigen Campingplätzen vorbei. Dadurch teilt Ihr Euch die Wege mit vielen anderen Besuchern. Wer Ruhe und Entspannung sucht, ist hier sicherlich falsch, es sei denn, man will das bunte Leben genießen und den ganzen Trip mehr als Ausflug betrachten. Dafür gibt es eine Menge Möglichkeiten. Fahrt zur Burg Wilhelmstein bzw. Steinhude, dort findet Ihr nicht nur viele Gastros mit Biergarten, sondern auch Segel- oder Motorbootfahrten (unter 05033/1721 könnt Ihr Touren zur Insel Wilhelmstein und nach Steinhude buchen).

BESCHREIBUNG:
Vom Parkplatz folgt Ihr dem Bockelrieder Weg nach rechts und kommt an eine T-Kreuzung (Meerstraße). Dort rollt Ihr ca. 20 m nach links, überquert die Meerstraße und skatet in den Erlenweg Richtung See. Rechter Hand laßt Ihr die Einfahrt des Campingplatzes liegen, rollt geradeaus durch die Absperrpfosten hindurch und haltet Euch rechts auf dem asphaltierten Rad- und Fußweg am See entlang. Wenige Meter später ignoriert Ihr eine unbefestigte Abzweigung nach links und rollt am ersten Gastropunkt "Schilfhütte" geradeaus vorbei. Schon 100 m weiter liegt rechts das griechische Restaurant "Akti", Ihr laßt es liegen und skatet erneut durch eine Absperrung hindurch. Ihr überquert die folgende Kreuzung geradeaus, fahrt parallel zu einer Campingplatzzufahrt und folgt der Ausschilderung „Radwanderweg" (der See ist jetzt nicht mehr zu sehen). Dann rollt Ihr durch eine Links-Rechts-Kombination zwischen Ruderclub und Campingplatz hindurch und seht rechter Hand die nächste Gastro liegen. Ihr skatet über die Abzweigung nach Lütjen-Mardorf geradeaus hinweg und laßt rechts das Restaurant "Inselblick" liegen. Erneut rollt Ihr durch eine Absperrung hindurch und fahrt auch an der Abzweigung zum Ankerweg geradeaus weiter. Nachdem Ihr zwei weitere Absperrungen (mit Verbundsteinpflaster unter den Rollen) passiert habt, rollt Ihr linker Hand an einem großen Bootsanlegeplatz vorbei. Passend zum Panorama findet Ihr rechts des Weges die italienische Gastro „Al Lago" und links die Bootsanlegestelle. Weiter rollt Ihr an einem Hotel vorbei, skatet wiederum durch eine Absperrung hindurch und haltet Euch anschließend rechts. Ihr rollt jetzt auf etwas rauherem Asphalt geradeaus über mehrere Abzweigungen hinweg, bis Ihr das Ende der Rote-Kreuz-Straße erreicht habt (Ihr befindet Euch übrigens auf einer öffentlichen Straße, die allerdings eine Sackgasse und daher kaum befahren ist). Am Ende der Straße haltet Ihr Euch rechts und skatet auf dem gepflasterten Rad- und Fußweg der rechten Straßenseite Richtung Neustadt a. Rbge. An der Abzweigung Warteweg haltet Ihr Euch weiter geradeaus und biegt an der nächsten Abzweigung nach rechts in den Holunderweg. Dem folgt Ihr auf sehr gutem Asphalt hinunter bis zum bereits sichtbaren See (die Straße ist für Anliegerverkehr frei). Am See angekommen rollt Ihr auf eine T-Kreuzung zu, haltet Euch dort links und passiert eine Absperrung. Jetzt geht es auf bekanntem Weg (vorbei an all den einladenden Gastros) zurück zum Parkplatz.

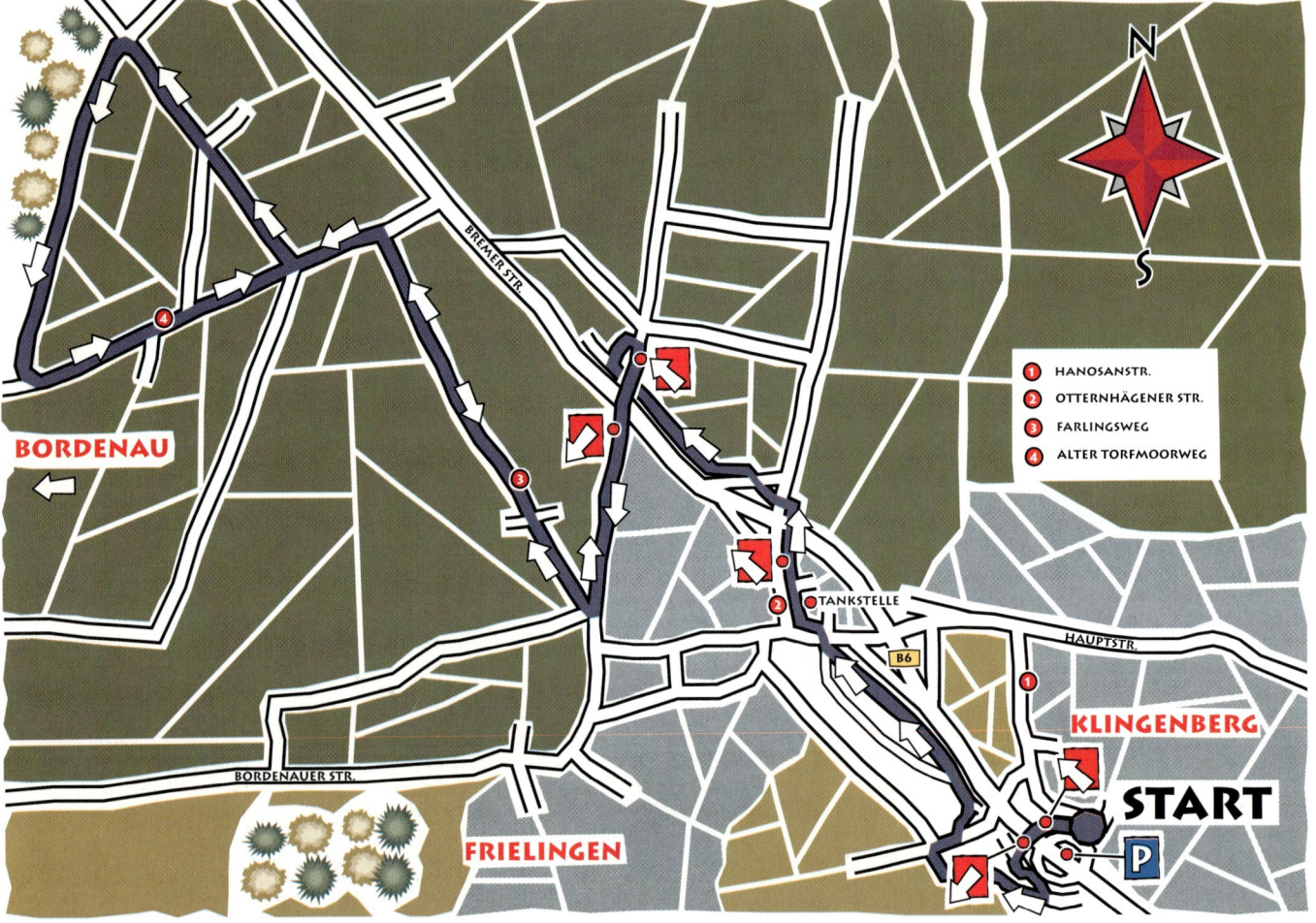

N

S

BORDENAU

BREMER STR.

① HANOSANSTR.
② OTTERNHÄGENER STR.
③ FARLINGSWEG
④ ALTER TORFMOORWEG

④

③

② TANKSTELLE

①

HAUPTSTR.

B6

KLINGENBERG

START

P

BORDENAUER STR.

FRIELINGEN

TOUR NR. 9
VON KLINGENBERG NACH BORDENAU
14,5 KM / EINSTEIGER-GEEIGNET

LAGE:
Westlich von Hannover und Garbsen.

ANFAHRT:
BAB 2, Ausfahrt Hannover-Herrenhausen. Dort weiter auf der B 6 Richtung Neustadt a. Rbge./Nienburg. Die B 6 führt dann an Meyenfeld vorbei. An einer Kreuzung mit Ampelanlage, die links nach Meyenfeld und rechts nach Osterwald führt, fahrt Ihr geradeaus. Nach etwa 1,5 km ist ein Parkplatz (mit Notrufsäule) ausgeschildert, auf dem Ihr rechts der B 6 parken könnt. Achtung: Wenn Ihr diesen Parkplatz verpaßt, müßt Ihr unangenehme Wendeaktionen in Kauf nehmen. Fahrt dann besser bis zur Abfahrt Osterwald, dann rechts und sofort die nächste wieder rechts. Dieser Straße bis hinter den Parkplatz folgen und Pkw abstellen.

STRECKENCHARAKTER:
97% Asphalt, 3% Pflaster. Der Rundkurs verläuft bis auf zwei kurze Teilstücke ausschließlich auf Rad- und Wanderwegen, so daß Ihr kaum mit öffentlichem Straßenverkehr in Berührung kommt. Die Strecke ist nicht durchgängig eben, sondern es sind seltene, leichte Steigungen und Gefälle beim Überqueren von Brücken vorhanden.

TIP:
Die Qualität der Strecke ist gut. Sie führt überwiegend durch Felder- und Wiesenlandschaft. Wenn Ihr die etwas verwirrende Streckenführung am Anfang überwunden habt, ist das weitere Fahren sehr schön, da es nicht nur stupide geradeaus geht, sondern Brücken und Abzweigungen Abwechslung bieten. Entlang der Strecke gibt es übrigens keine Gastros, also Proviant und Getränke nicht vergessen.

BESCHREIBUNG:
Rückwärtig verlaßt Ihr den Parkplatz über einen gepflasterten Pfad und folgt diesem, Euch links haltend hinauf auf eine Fußgängerbrücke. Dabei überquert Ihr die B 6 und rollt das Gefälle hinab direkt auf eine T-Kreuzung vor dem Parkplatz der anderen Straßenseite. Hier haltet Ihr Euch rechts und folgt dem Weg ca. 100 m bis zur nächsten T-Kreuzung. Hier geht es erneut nach rechts auf einem breiten, sehr gut asphaltierten Land- und Forstwirtschaftsweg. An der folgenden Kreuzung müßt Ihr zunächst rechts abbiegen, Euch dann aber noch vor der Brücke wieder links halten. Ihr rollt durch eine Linkskurve (ignoriert die Abzweigung nach rechts) und skatet an dem nach links abzweigenden Rad- und Fußweg geradeaus vorbei. An der Hauptstraße angekommen, überquert Ihr diese zunächst geradeaus und folgt für wenige Meter dem Rad- und Fußweg nach links. Dann rollt Ihr nach rechts auf dem Rad- und Fußweg entlang der Landstraße Richtung Nienburg. Ihr kommt vorbei an einer Tankstelle, rollt geradeaus über eine Abzweigung hinweg und verlaßt auf einem sehr gut asphaltierten Rad- und Fußweg den Ortsteil Frielingen. Nachdem Ihr die Steigung der Brücke, die über die B 6 führt, überwunden habt, überquert Ihr oben angekommen die Hauptstraße nach links auf den Rad- und Fußweg. Nach ca. 700 m skatet Ihr unter einer Brücke hindurch. Direkt danach folgt Ihr einem kleinen gepflasterten Weg, der nach rechts zur Straße hinauf führt. Oben angekommen, folgt Ihr der Straße nach rechts, um erneut eine Brücke über die B 6 zu passieren. Auch hier müßt Ihr eine Steigung hinauf und entsprechendes Gefälle hinabrollen. Ihr kommt erneut nach Garbsen in den Stadtteil Frielingen und skatet auf dem Fußweg der rechten Straßenseite. Bei km 4,2 rollt Ihr an der Abzweigung nach rechts in den Forlingsweg. Ihr habt auf breitem Land- und Forstwirtschaftsweg sehr guten Asphalt unter den Rollen, laßt die „Schießsportanlage Frielingen" und eine Abzweigung liegen und haltet Euch geradeaus. Nun rollt Ihr durch eine Linkskurve und fahrt an der folgenden Gabelung rechts. Die nächste Kreuzung passiert Ihr geradeaus, bis Ihr auf eine weitere Kreuzung zurollt, an der Ihr Euch links haltet. Bei km 7,2 stoßt Ihr auf eine T-Kreuzung, auch hier geht Eure Tour nach links weiter. Ihr rollt über die nächsten zwei Abzweigungen geradeaus hinweg und kommt an eine Kreuzung von zwei Wegen. Ihr haltet Euch weiter geradeaus und fahrt auf bekanntem Weg zurück zum Parkplatz.

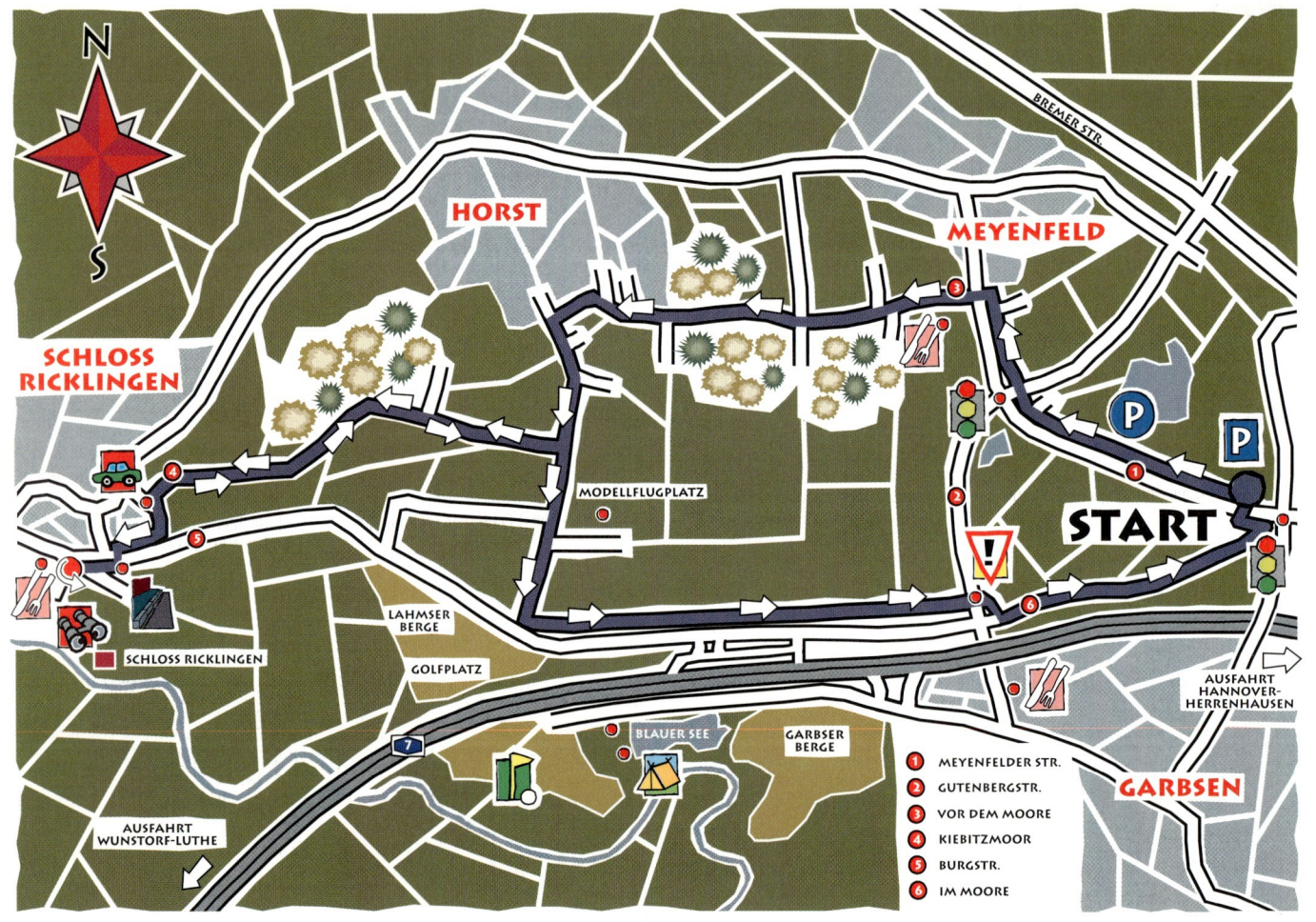

TOUR NR. 10
RUNDKURS ZWISCHEN GARBSEN UND SCHLOSS RICKLINGEN
14,3 KM / EINSTEIGER-GEEIGNET

LAGE:
Nordwestlich von Hannover, zwischen Garbsen und Schloß Ricklingen.

ANFAHRT:
BAB 2, Ausfahrt Garbsen.
Von Osten: Weiter in Richtung Garbsen. An erster Abzweigung links und an erster Ampel rechts Richtung Garbsen-Mitte/ Polizei/ Schulzentrum II. Der Meyenfelder Straße folgen, bis auf der linken Seite das Schulzentrum mit Parkmöglichkeiten auftaucht.
Aus Westen kommend: An der Abfahrt weiter Richtung Seelze. Auf der Ricklinger Straße weiter nach Garbsen/Altgarbsen hinein. An 1. Ampel links Richtung Garbsen-Mitte und dem Straßenverlauf unter der bereits sichtbaren BAB hindurch folgen. An nächster Abzweigung geradeaus Richtung Garbsen Mitte, ab hier weiter wie Anfahrt von Osten.
Alternativ befindet sich etwa 900 m vor dem Schulzentrum ein ausgeschilderter Parkplatz

STRECKENCHARAKTER:
63% Asphalt, 20% Verbundsteinpflaster und 17% Betonplatten. Der Rundkurs ist durchgängig eben und führt über Rad- und Fußwege oder Forstwirtschaftswege.

TIP:
Die Qualität der Strecke ist insgesamt gut. Trotz relativer Citynähe kann man hier ruhig und ohne viele Besucher fahren. Außer am Schloß Ricklingen kommt man nur kurz mit den Ortschaften in Kontakt und rollt ansonsten durch eine übersichtliche Felderlandschaft. Auf der Strecke gibt es verschiedene Gastros, auch mit der Möglichkeit, draußen zu sitzen.

BESCHREIBUNG:
Von der Parkplatzeinfahrt skatet Ihr nach rechts auf dem gepflasterten Fußweg stadtauswärts. Ihr rollt vorbei an Schulbushaltestellen sowie an der beschriebenen alternativen Parkmöglichkeit und überquert an einer Ampelanlage die Gutenbergstraße. Weiter geht es auf einem gepflasterten Rad- und Fußweg bis zum Ortseingang von Meyenfeld. Dort überquert Ihr die Straße nach links und biegt in Vor dem Moore ein. Linker Hand laßt Ihr eine Gastro liegen und habt ab jetzt Asphalt unter den Rollen. Ihr ignoriert die nächste Abzweigung und rollt auch über die folgende

Kreuzung geradeaus hinweg. Der Asphalt wird auf den nächsten 700 m stellenweise etwas rauher, Ihr rollt aber weiter geradeaus und ignoriert die nächsten drei Abzweigungen nach links und rechts. Bei km 4 endet der Weg (Vor dem Moore) und Ihr trefft auf eine T-Kreuzung. Hier haltet Ihr Euch links, an der nächstmöglichen Abzweigung wieder rechts. Über die nächste Abzweigung fahrt Ihr ebenfalls geradeaus hinweg und stoßt auf eine T-Kreuzung. Achtung: Hier sind einige Schäden im Asphalt. Ihr haltet Euch links und rollt auf der Straße, da die Fußwege sehr schmal sind (Ihr befindet Euch zwar in einer sehr ruhigen Wohnstraße, aber trotzdem auf Pkw´s achten!) An der folgenden T-Kreuzung (Burgstraße) haltet Ihr Euch rechts und rollt auf dem gepflasterten Rad- und Fußweg der rechten Straßenseite. An der nächsten Abzweigung endet der Rad- und Fußweg und rechts geht es nach Wunstorf. Ihr müßt die Straße nach links überqueren und auf dem gepflasterten Fußweg dem Verlauf der Burgstraße folgen. Dieser Fußweg führt Euch zu einer Gastro mit Biergarten ("Zur Linde"), die zur Rast einlädt. Neben der Gastro liegt die Zufahrt zum Schloß Ricklingen. Nach kurzer

Verschnaufpause geht es wieder knapp 3 km zurück bis zur bekannten T-Kreuzung. Hier haltet Ihr Euch rechts und rollt geradeaus über eine Abzweigung hinweg. Linker Hand liegt ein Modellflugplatz, die folgende Abzweigung ignoriert Ihr ebenfalls. Bei km 11,2 stoßt Ihr wieder auf eine T-Kreuzung, an der Ihr Euch links haltet und auf dem Rad- und Fußweg weiterskatet. Ihr habt Betonplatten (Achtung: Fugen) unter den Rollen und seid durch einen Grünstreifen von der Burgstraße abgetrennt. Rechter Hand liegt ca. 1 km weiter die BAB-Zufahrt, ein Hotel, eine Raststätte und die Polizei. Ihr rollt einfach geradeaus weiter bis zur nächsten T-Kreuzung, an der auch der Rad- und Fußweg endet.
Hier müßt Ihr die Straße vorsichtig überqueren (keine Ampel oder ähnliches) und auf der anderen Straßenseite auf dem asphaltierten Land- und Forstwirtschaftsweg weiter skaten. Am Ende dieses Weges rollt Ihr durch eine Absperrung hindurch (vorbei an Polizei und Rathaus) und gelangt an eine Kreuzung mit Ampelanlage. Ihr fahrt noch ca. 100 m nach links in Richtung des bereits sichtbaren Parkplatzes und überquert dort die Straße.

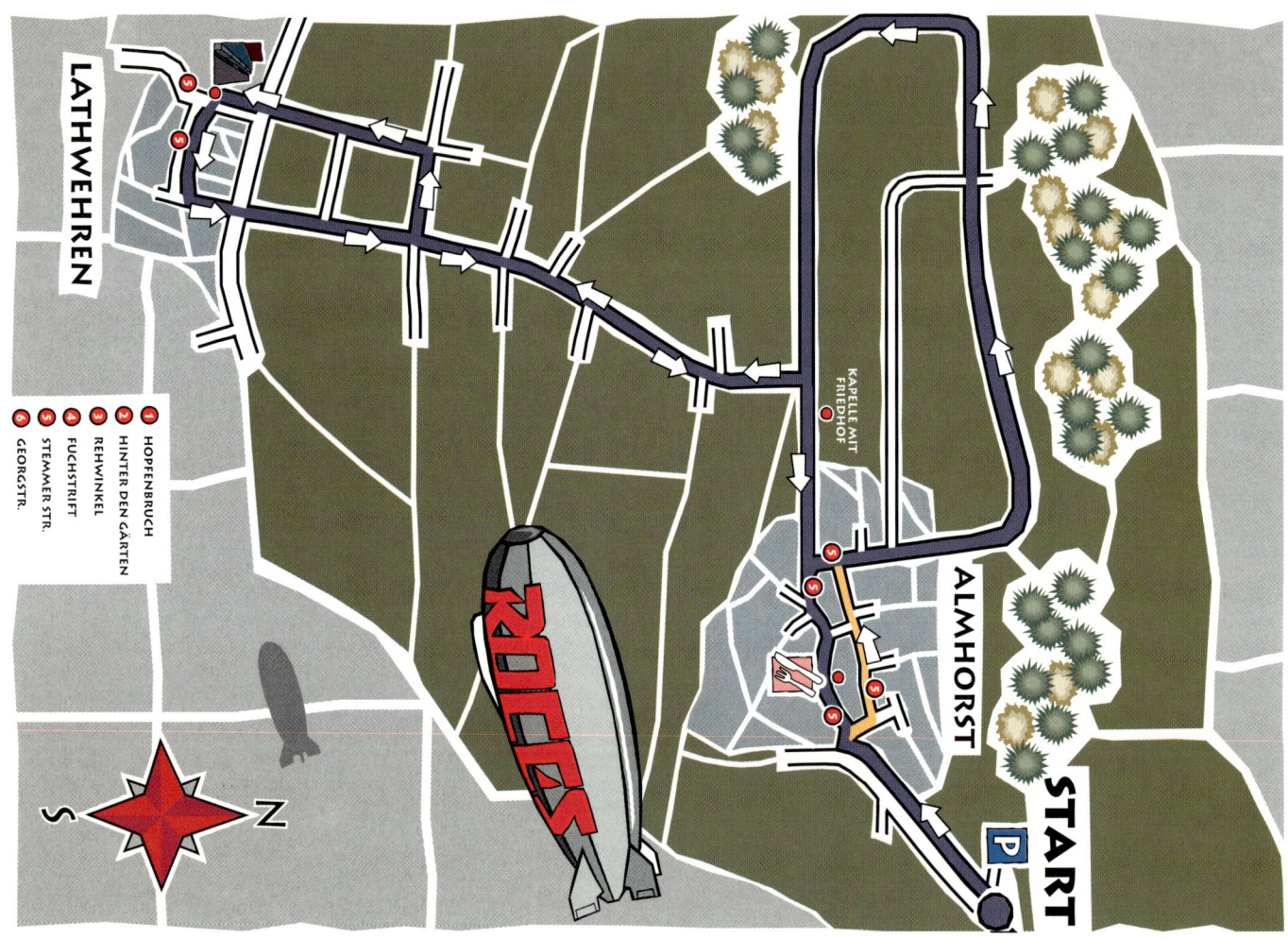

LATHWEHREN

1 HOPFENBRUCH
2 HINTER DEN GÄRTEN
3 REHWINKEL
4 FUCHSTRIFT
5 STEMMER STR.
6 GEORGSTR.

ROCCS

ALMHORST

START

TOUR NR. 11
RUNDKURS BEI ALMHORST
12 KM / EINSTEIGER-GEEIGNET

LAGE:
Südlich von Garbsen, südwestlich von Hannover.

ANFAHRT:
BAB 2, Ausfahrt Wunstorf-Luthe. Weiter geht es auf der B 441 Richtung Seelze, an Gummern vorbei. Dort folgt Ihr dem Verlauf der B441 über eine Brücke auf die andere Seite des Mittellandkanals. Ihr fahrt vorbei an einer Abzweigung Richtung Lohnde, bis rechts die L 390 Richtung Almhorst/Göxe abzweigt. Dieser folgt Ihr nach rechts, bis ca. 1 km weiter, am Ende eines Waldstückes, rechts ein Parkplatz ausgeschildert ist. Dieser Parkplatz ist unbefestigt, so daß Ihr möglichst in Straßennähe parken solltet, um die Tour direkt auf Asphalt beginnen zu können.

STRECKENCHARAKTER:
100% Asphalt (Alternativstrecke: 93% Asphalt, 7% Pflaster). Der Rundkurs ist durchgängig eben und verläuft überwiegend auf Rad-, Fuß- und Wanderwegen. Vereinzelt fahrt Ihr über wenig befahrene Straßen oder Land-und Forstwirtschaftswege.

TIP:
Die Qualität der Strecke ist sehr gut und wird nur mäßig von Fußgängern, Radfahrern und Skatern genutzt. Auch das erste Stück der Strecke durch Almhorst ist bei wenig Verkehr gut zu fahren. Das Landschaftsbild wird überwiegend durch Felder, Gräben und Wiesen geprägt, die kleinen Ortschaften sind vorwiegend mit Einfamilienhäusern bebaut. Außer eines Gasthofes (ohne Terrasse oder Biergarten) direkt in Almhorst, gibt es auf dieser Tour keine Gastros.

BESCHREIBUNG:
An der Parkplatzeinfahrt skatet Ihr nach rechts und rollt auf dem Rad- und Fußweg (mit Grünstreifen) in die Ortschaft Almhorstauf hinein. Jenseits der Straße, noch vor der Ortschaft, liegt eine alte Mühle (ohne Flügel) und nach ca. 500 m endet der Rad- und Fußweg. Ihr rollt weiter auf dem gepflasterten Fußweg der rechten Straßenseite, bis rechts eine Abzweigung kommt. Hier biegt Ihr rechts und sofort wieder links ein und folgt dem Verlauf des Hopfenbruch. Ihr rollt auf dem gut asphaltierten aber teilweise recht schmalen Fußweg, so daß es in dieser ruhigen Ortschaft wohl auch möglich ist auf der Staße zu fahren. (Wer ganz auf Nummer sicher gehen will, nimmt nicht direkt die erste, sondern die zweite Abzweigung nach links in die Zone 30 hinein. Dort folgt Ihr dann der gepflasterten Spielstraße In den Gärten bis zum Ende und trefft dann bei Km 1,4 wieder auf die weitere Tourenbeschreibung.) Auf der Straße oder dem Fußweg liegt rechter Hand der bereits angekündigten Gasthof, linker Hand liegt ein Spielplatz. Die Abzweigung danach ignoriert Ihr und rollt somit auf einen kleinen Dorfplatz zu. Hier haltet Ihr Euch rechts, fahrt den Rehwinkel entlang und sofort wieder rechts in die Fuchstrift, der Ihr auf Pflaster bis zum Ende folgt. (Hier mündet die Alternativstrecke in die Fuchstrift.) Nun skatet Ihr auf einem asphaltierten Land- und Forstwirtschaftsweg durch die Wiesen, rollt durch eine Linkskurve und fahrt an der nächsten Abzweigung geradeaus vorbei. Achtung: Links von Euch verläuft über ca. 1,5 km ein ziemlich tiefer Graben, also nicht vom Weg abkommen! Bei km 3,7 haltet Ihr Euch vor einem Waldstück an der Abzweigung links und folgt immer dem asphaltierten Weg durch eine Linkskurve, bis Ihr an eine Abzweigung kommt. Rechter Hand steht ein Baum, links liegt ein Stück entfernt eine kleine Kapelle mit Friedhof. Ihr folgt dem Weg vor der Kapelle nach rechts und habt links wieder einen Graben. Über die nächste Abzweigung rollt Ihr geradeaus hinweg, bis Ihr nach ca. 1 km auf eine Weg-kreuzung stoßt, an der Ihr Euch rechts halten müßt (diese Kreuzung liegt ca. 200 m vor den ersten Häusern, ansonsten gibt es kein besonderes Merkmal). Nach weiteren 300 m kommt die nächste Weggabelung, an der Ihr Euch links haltet und danach auf eine große Kreuzung zurollt. Diese Hauptstraße überquert Ihr geradeaus und skatet von dort auf dem gepflasterten Fußweg der linken Straßenseite nach Lathwehren hinein. Jetzt nutzt Ihr die erste Möglichkeit nach links in die Georgstraße abzubiegen, der Ihr auf dem asphaltierten Fußweg der linken Straßenseite bis zum Ende folgt. Dort stoßt Ihr auf eine T-Kreuzung an der Ihr Euch links haltet und ohne Fußweg etwa 100 m über eine Straße fahren müßt. Nun seid Ihr wieder an der Hauptstraß angekommen, die Ihr geradeaus überquert und der Ausschilderung „Radweg" in die „Anlieger frei" Straße folgt. Hier skatet Ihr zwischen Häusern hindurch, geradeaus über eine Kreuzung hinweg und rollt dann auf die bereits bekannte T-Kreuzung zu. Dort haltet Ihr Euch rechts, vorbei an dem Friedhof mit Kapelle, in Richtung der Ortschaft Almhorst. Nach ca. 500 m rollt Ihr in Almhorst auf die Abzweigung am Dorfplatz zu und fahrt auf bereits bekanntem Weg zurück zum Parkplatz.

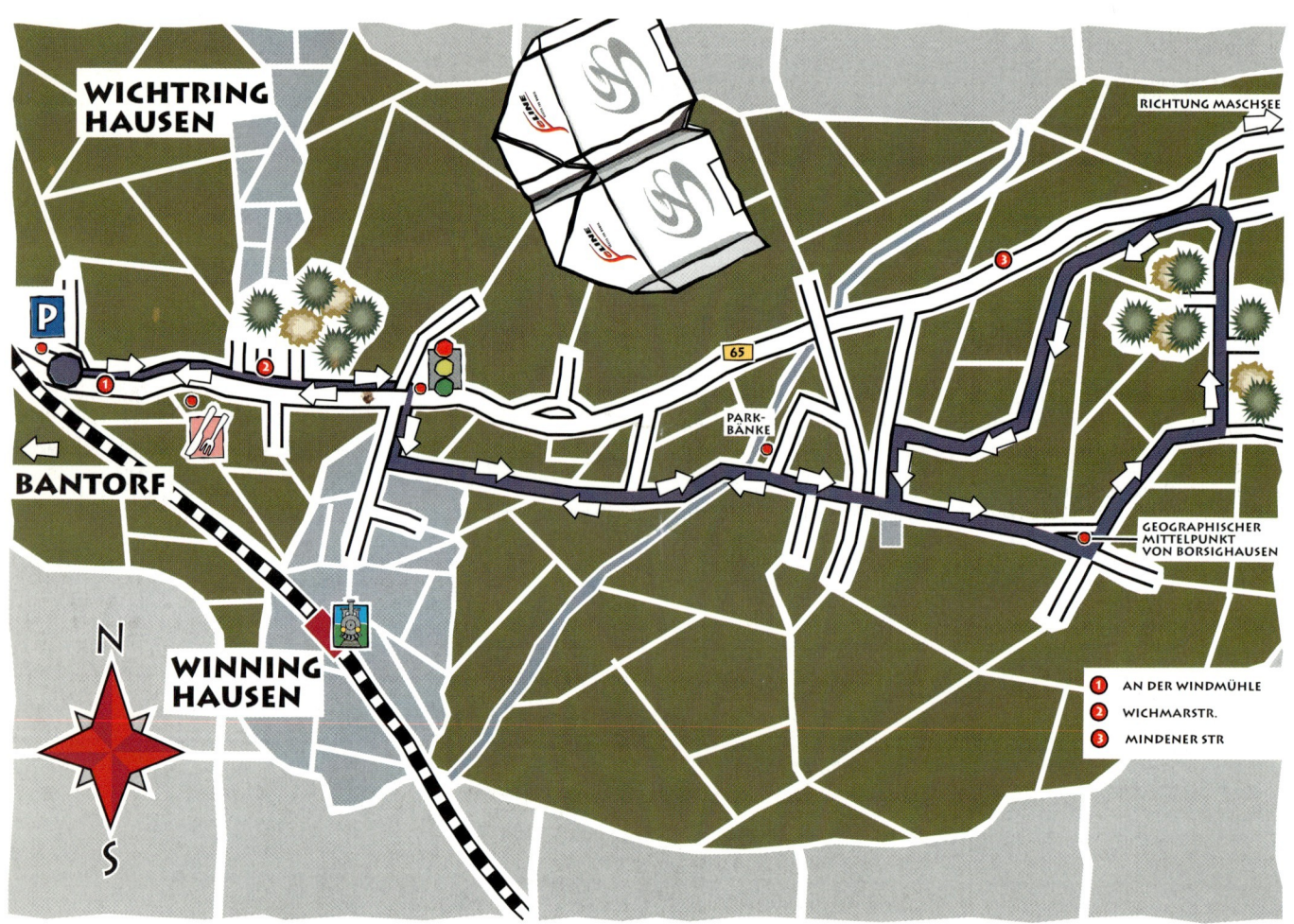

WICHTRING HAUSEN

RICHTUNG MASCHSEE

65

BANTORF

PARK-BÄNKE

GEOGRAPHISCHER MITTELPUNKT VON BORSIGHAUSEN

WINNING HAUSEN

N
S

1 AN DER WINDMÜHLE
2 WICHMARSTR.
3 MINDENER STR

TOUR NR. 12
RUNDKURS BEI BANTORF UND BORSINGHAUSEN
14,9 KM / EINSTEIGER-GEEIGNET

LAGE:
Südwestlich von Hannover.

ANFAHRT:
BAB 2, Ausfahrt Bad Nenndorf und dann weiter Richtung Hannover. Nach einem Bahnübergang direkt an der 1. Möglichkeit nach links abbiegen und auf dem Parkplatz hinter der Bushaltestelle parken.

STRECKENCHARAKTER:
100% Asphalt. Der Rundkurs verläuft auf durchgängig ebener Strecke und ausschließlich auf Rad- und Fußwegen oder für Pkw's gesperrte Privatstraßen.

TIP:
Die Qualität der Strecke ist sehr gut. Sie wird augenscheinlich nur mäßig von ortsansässigen Fußgängern, Radfahrern und Skatern genutzt. Das Landschaftsbild wird überwiegend durch Felder und Wiesen geprägt, nur auf den ersten paar Kilometern rollt Ihr auf einem Rad- und Fußweg,

der parallel zu einer öffentlichen Straße verläuft.

BESCHREIBUNG:
Vom Parkplatz skatet Ihr zunächst zurück zur Straße und rollt nach links auf dem sehr gut asphaltierten Rad- und Fußweg der linken Straßenseite. Weiter führt Euch dieser Weg nach Wichtringhausen hinein, vorbei an einer Gastro („Alte Mühle") entlang der B 65 (ohne Abtrennung durch einen Grünstreifen). Ihr überquert die Wiehmarstraße geradeaus und seid am Ortsausgang von Wichtringhausen dann wieder durch einen Grünstreifen von der B 65 getrennt. An einer Kreuzung mit Ampelanlage rollt Ihr zunächst über den Land- und Forstwirtschaftsweg geradeaus hinweg, um dann mittels Ampel die Hauptstraße nach rechts Richtung Hohenborstel zu überqueren. Ihr rollt auf dem Rad- und Fußweg der linken Straßenseite und haltet Euch an der ersten Möglichkeit links, um in einen sehr gut asphaltierten (privaten)

Feldweg einzubiegen. Hier könnt Ihr über knapp 2 km schnurgeradeaus fahren und Eure Skates mal auf Geschwindigkeit testen. Nach einer leichten Links-Rechts-Kombination rollt Ihr auf eine Brücke über einen kleinen Bach, seht zwar von Ferne den Verkehr der Hauptstraße, hört aber nur das Plätschern des Wassers. (Linker Hand stehen Bänke mit Tischen zum Rasten!) Nach ca. 700 m trefft Ihr auf eine Hauptstraße, die Ihr geradeaus überquert und auf dem Land- und Forstwirtschaftsweg weiterskatet. Die nächste Abzweigung nach links ignoriert Ihr, rollt vorbei an einem Haus (rechter Hand), haltet Euch an der folgenden Gabelung rechts und biegt an der nächsten Kreuzung nach links ab. Hier ist wiederum eine Parkbank zum Ausruhen und eine Hinweistafel, daß Ihr Euch am geographischen Mittelpunkt der Stadt Borsighausen befindet! Auf den nächsten 500 m sind einige Schäden im Asphalt, doch ab km 6,1 habt Ihr wieder besten Belag unter den Rollen. An der

nächsten Abzweigung (noch vor den auftauchenden Häusern) haltet Ihr Euch links. Danach skatet Ihr vorbei an zwei unbefestigten Wegen, die rechts und links von Eurer Strecke abzweigen, und rollt durch eine Linkskurve vor einem weiteren Haus. Die darauffolgende Abzweigung nach rechts ignoriert Ihr und fahrt nun etwa 1 km parallel zur B 65 auf einzigartigem Asphalt. Eine Linkskurve führt Euch wieder weg von der Straße weiter in die Felder hinein. Nachdem Ihr dort durch eine Rechtskurve gerollt seid, stoßt Ihr auf eine T-Kreuzung. Hier haltet Ihr Euch links und trefft anschließend auf die bereits bekannte Stelle vor der Hauptstraße. Dort biegt Ihr zunächst rechts ab, um dann die Hauptstraße geradeaus zu überqueren. Weiter geht es über Brücke und Bach auf bekanntem Weg zurück zum Parkplatz.

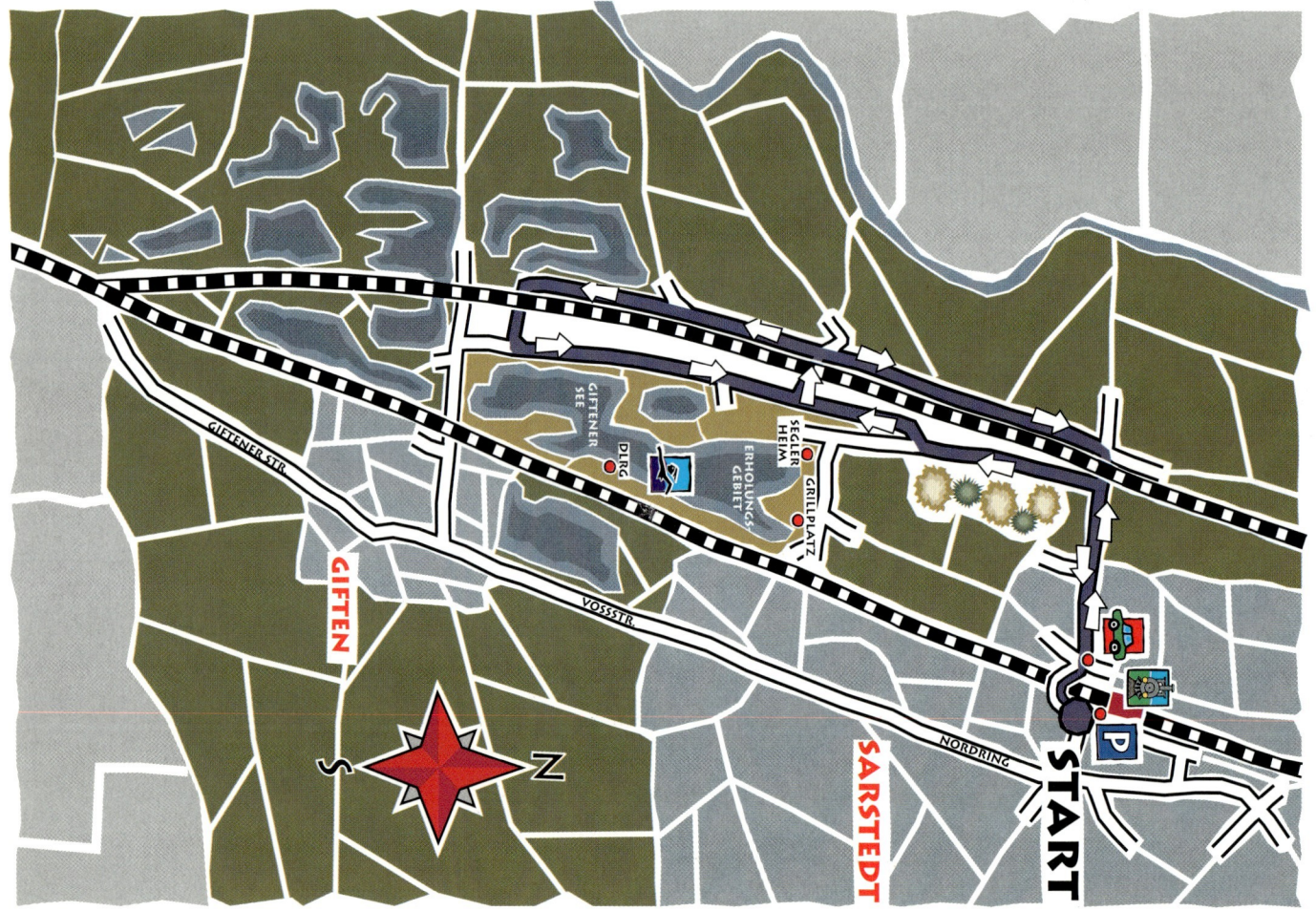

GIFTENER STR.

GIFTENER SEE

SEGLER HEIM

GRILLPLATZ

ERHOLUNGS GEBIET

DLRG

VOSSSTR.

GIFTEN

SARSTEDT

NORDRING

START

S · Z

TOUR NR. 13
ERHOLUNGSGEBIET GIFTENER SEE
5,9 KM / EINSTEIGER-GEEIGNET

LAGE:
Südlich von Hannover, bei Sarstedt.

ANFAHRT:
BAB 7, Ausfahrt Laatzen. Von dort weiter Richtung Laatzen. Dann auf die B 6 Richtung Hildesheim. Diese verläßt Ihr nach ca. 6 km an der Abfahrt Sarstedt/Heisede/Gewerbegebiet und fahrt Richtung Sarstedt. An der 4. Kreuzung mit Ampelanlage biegt Ihr nach rechts auf die Görlitzer Brückenstraße (im weiteren Verlauf Richtung Stadtmitte heißt die Straße Nordring). An der 2. Kreuzung mit Ampelanlage fahrt Ihr rechts Richtung Bahnhof in die Bahnhofstraße. Dieser folgt Ihr bis zum P+R-Parkplatz am Bahnhof.
Alternativ könnt Ihr natürlich auch mit der Linie 1 des Stadtbahnnetzes bis Sarstedt fahren.

STRECKENCHARAKTER:
97% sehr guter Asphalt, 3% Pflaster. Der Rundkurs verläuft links und rechts des Bahndamms und am See entlang auf durchgängig ebener Strecke. Bis auf die ersten 800 m fahrt Ihr ausschließlich auf Fuß- bzw. Land- und Forstwirtschaftswegen, ohne mit dem öffentlichen Straßenverkehr in Berührung zu kommen.

TIP:
Diese kurzweilige Tour eignet sich besonders für Familien oder Badende, die zwischendurch auch gerne skaten. Ihr seht viel Wasser, Schilf und Wiesen und könnt auf breiten Wegen mit sehr gutem Asphalt optimal üben.

BESCHREIBUNG:
Ihr verlaßt den P+R-Parkplatz nach rechts und überquert die Gleise auf dem markierten Fußweg der rechten Straßenseite an einem Bahnübergang mit Schranke. Nach dem Bahnübergang wird der Fußweg sehr schmal, so daß Ihr besser auf der asphaltierten Straße stadtauswärts skatet. Ihr rollt geradeaus über die folgende Kreuzung hinweg. Die nächsten 400 m sind landschaftlich nicht besonders schön (Ihr rollt vorbei an altem Gewerbegebiet und teilweise an Wohnhäusern) aber der Belag unter den Rollen ist gut. Noch vor den auftauchenden Bahngleisen haltet Ihr Euch links und biegt in den Land- und Forstwirtschaftsweg ein. Ihr rollt linker Hand vorbei an einer Baumreihe und nehmt die nächste Abzweigung nach rechts, da der Weg geradeaus unbefestigt ist. An der nächsten Abzweigung haltet Ihr Euch wieder rechts und skatet unter den Gleisen hindurch. Nach dieser Unterführung geht es nach links weiter. Ihr rollt ca. 1 km geradeaus (ignoriert die Abzweigung) und müßt nach einer leichten Linkskurve erneut unter den Gleisen durch. Hier stoßt Ihr auf eine T-Kreuzung am Giftener See und haltet Euch wiederum links (wer nach rechts fährt, kommt nach 200 m gutem Asphalt

an einen weiteren Teich, der von Anglern genutzt wird). Der nächste Kilometer bietet sich zum Üben oder einfachen Gucken an, da Ihr nur geradeaus rollt, bis Ihr an die bereits bekannte Abzweigung kommt. Hier haltet Ihr Euch links und rollt unter den Gleisen hindurch. An der dann folgenden Kreuzung geht es diesmal nach rechts, bis Ihr auf eine T-Kreuzung stoßt. Hier rollt Ihr nochmals nach rechts (geradeaus ist es unbefestigt) und erneut unter den Gleisen hindurch. Danach geht es auf bekanntem Weg zurück zum Parkplatz.

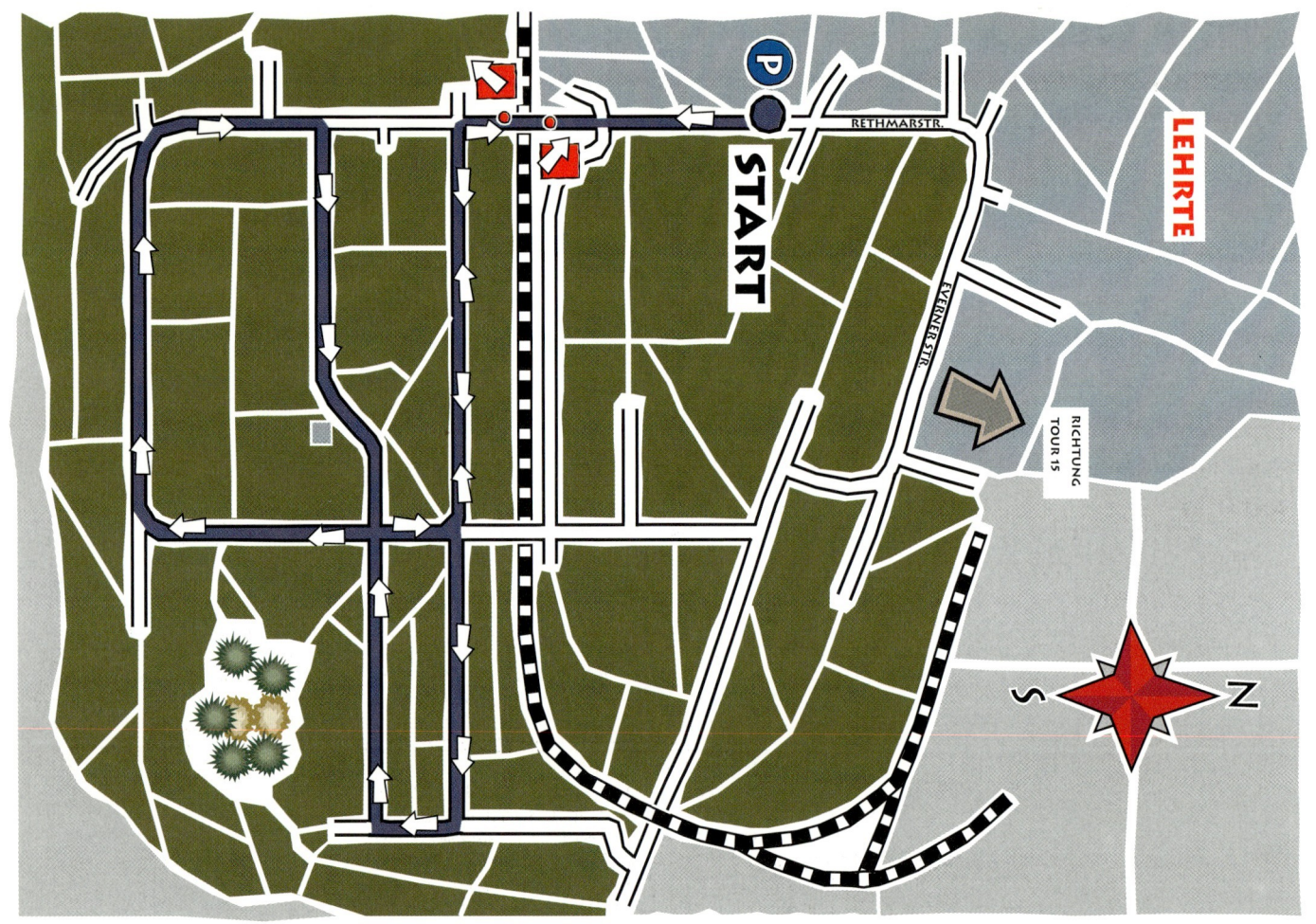

START

RETHMARSTR.

EVERNER STR.

P

LEHRTE

RICHTUNG
TOUR 15

S

N

TOUR NR. 14
RUNDKURS IM SÜDEN VON LEHRTE
10,7 KM / EINSTEIGER-GEEIGNET

LAGE:
Östlich von Hannover, südlich von Lehrte.

ANFAHRT:
BAB 2, Ausfahrt Lehrte-Ost. Hier fahrt Ihr Richtung „Lehrte" und auf der „Mielestraße" nach Lehrte hinein. An der 1. Ampel biegt Ihr nach links Richtung Evern auf den Ostring ab. Dem folgt Ihr bis zum Ende und biegt nach rechts Richtung Sehnde ab. Die 1. Möglichkeit links abzubiegen nutzt Ihr und fahrt in die „Rethmarstraße". Dieser folgt Ihr bis zum Ortsausgangsschild und sucht Euch hier eine Parkmöglichkeit rechts oder links der Straße, möglichst ohne die Anwohner zu behindern.

STRECKENCHARAKTER:
100% Asphalt. Der Rundkurs führt über eine Brücke, bei deren Überquerung eine leichte Steigung und ebensolches Gefälle zu überwinden ist. Ansonsten geht es über wenig befahrene Straßen oder Land- und Forstwirtschaftswege.

TIP:
Die Qualität der Strecke ist sehr gut und ermöglicht sehr entspanntes Dahingleiten, nicht einmal großartig verfahren kann man sich. Das Landschaftsbild wird überwiegend von Feldern geprägt, man hat weite Sicht voraus, so daß auch Anfänger sichere Möglichkeiten zum Üben haben. Bei ortsansässigen Skatern scheint die Tour bekannt zu sein, ist aber insgesamt noch sehr ruhig. Leider gibt es entlang der Strecke keinerlei Gastros, für Getränke müßt Ihr also selber sorgen.

BESCHREIBUNG:
Ihr folgt der Rethmarstraße Richtung Ortsausgang und rollt an der Weggabelung geradeaus auf eine Eisenbahnbrücke zu. Hier müßt Ihr die angekündigte Steigung und das entsprechende Gefälle überwinden, um anschließend direkt links in einen Land- und Forstwirtschaftsweg einzubiegen (also nicht zu viel Tempo beim Abwärtsrollen). Die nächste Kreuzung könnt Ihr ignorieren und einfach weiter geradeaus auf sehr gutem Asphalt bis zu einer T-Kreuzung rollen. Dort haltet Ihr Euch rechts und 300 m weiter wiederum rechts. An der folgenden Kreuzung biegt Ihr dann links ab und haltet Euch an der T-Kreuzung rechts, links ist nämlich ein unbefestigter Weg. Jetzt könnt Ihr über 1,3 km Eure Skates auf ihre (oder Eure) wahre Performance testen, denn es geht auf supertollem Asphalt schnurgeradeaus. Bei km 5,6 - die Hälfte der Tour liegt bereits hinter Euch - folgt Ihr der Straße nach rechts, da links und geradeaus ebenfalls nur unbefestigte Wege sind. Die nächste Abzweigung nach links ignoriert Ihr und skatet weiter, bis Ihr auf eine nach rechts führende Abzweigung zurollt. Hier biegt Ihr ein und skatet weiter auf sehr gutem Asphalt durch eine Linkskurve, rechter Hand liegt ein Haus. Kurz darauf stoßt Ihr auf eine Kreuzung, an der Ihr Euch links haltet und ca. 300 m weiter wieder links. Jetzt befindet Ihr Euch wieder auf bekannter Strecke und skatet die nächsten 2,6 km zum Ausgangspunkt zurück.

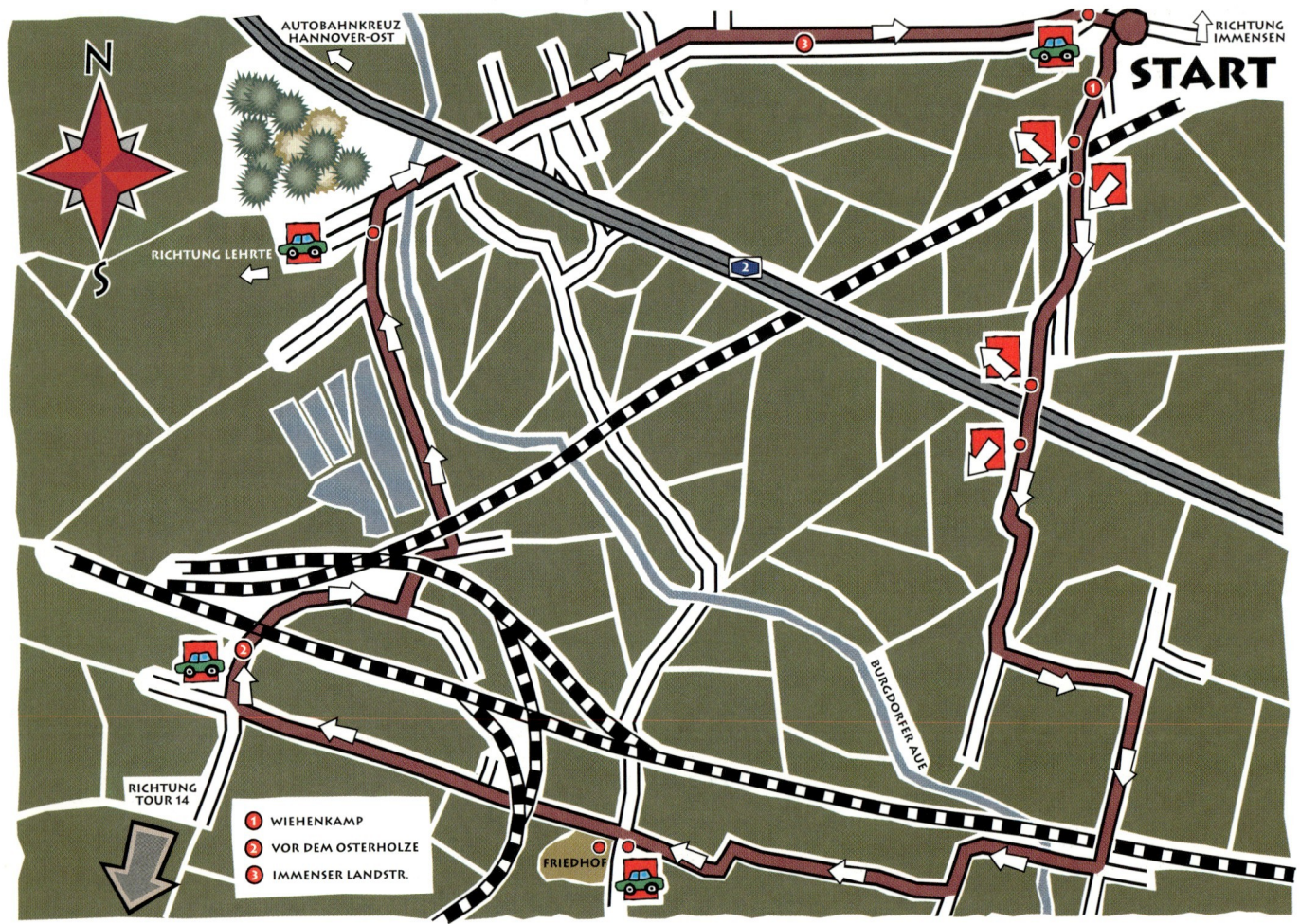

AUTOBAHNKREUZ
HANNOVER-OST

RICHTUNG
IMMENSEN

START

RICHTUNG LEHRTE

2

BURGDORFER AUE

RICHTUNG
TOUR 14

FRIEDHOF

1 WIEHENKAMP
2 VOR DEM OSTERHOLZE
3 IMMENSER LANDSTR.

TOUR NR. 15
RUNDKURS ZWISCHEN LEHRTE UND IMMENSEN
13,3 KM / EINGESCHRÄNKT EINSTEIGER-GEEIGNET

LAGE:
Östlich von Hannover, östlich von Lehrte.

ANFAHRT:
Aus Osten kommend: BAB 2, Ausfahrt Lehrte-Ost. Hier folgt Ihr der „Immenser Landstraße" Richtung Immensen bis zu einer scharfen Linkskurve. Dort liegt rechter Hand ein etwas verkommener, dafür aber markierter Parkplatz, auf dem Ihr den Wagen abstellt.
Aus Westen (von Hannover) kommend: Fahrt ebenfalls Lehrte-Ost ab, dann geht es zunächst Richtung Lehrte und an der nächsten Kreuzung Richtung Immensen. Von dort gilt die Beschreibung zum Parkplatz wie oben.

STRECKENCHARAKTER:
75% Asphalt, davon 300 m mit Schäden, 22% Betonplatten, 3% Pflaster. Der Rundkurs enthält einige Brücken, bei deren Überquerung leichte Steigungen und Gefälle zu überwinden sind. Außerdem führen die ersten 3,5 km über eine öffentliche Straße, die zwar nur von wenigen Autofahrern (vor allem nach lokalen Fußballspielen) genutzt wird, trotzdem ist hier Vorsicht geboten. Die Strecke führt auch einige Male über Bahngleise: Seid sehr vorsichtig beim Überqueren.

TIP:
Die Qualität der Strecke ist sehr gut. Sie führt komplett durch eine schöne Felderlandschaft, obwohl die neu gebauten Bahnschnellstrecken und die aus diesem Grund errichteten Brücken nicht immer ganz in das Landschaftsbild passen. Leider gibt es entlang der Strecke keinerlei Gastros (also Getränke oder Proviant mitnehmen) dafür ist die Besucherfrequenz aber auch angenehm gering.

BESCHREIBUNG:
Ihr startet am Parkplatz geradeaus in Richtung einer bereits sichtbaren Brücke. Achtung: Ihr befindet Euch auf einer öffentlichen Straße, müßt also mit Autoverkehr rechnen! An der ersten Gabelung haltet Ihr Euch rechts und müßt die erste Steigung und das entsprechende Gefälle über eine Bahnbrücke überwinden. An der nächsten Gabelung haltet Ihr Euch wieder rechts und überquert die BAB 2, indem Ihr erneut eine Brücke mit Steigung und anschließendem Gefälle passiert. Nach ca. 500 m fahrt Ihr eine Links-Rechts-Kombination und an der darauffolgenden Abzweigung haltet Ihr Euch links. Im weiteren Verlauf rollt Ihr auf eine T-Kreuzung zu und biegt nach rechts ab. Ihr habt sehr guten Asphalt unter den Rollen, müßt allerdings

immer noch mit Kfz Verkehr rechnen. Ihr erreicht einen beschrankten Bahnübergang. Diesen überquert Ihr und biegt nach rechts in einen sehr gut asphaltierten Land-und Forstwirtschaftsweg ein. Ab jetzt sollte Euch eigentlich kein Pkw mehr begegnen! Nach einer Linkskurve bei km 4 kommt ca. 200 m weiter eine Abzweigung, an der Ihr Euch rechts haltet, denn geradeaus ist der Weg sehr schlecht asphaltiert. Auf dem nächsten Kilometer könnt Ihr so richtig Gas geben, bis Ihr durch eine Links-Rechts-Kombination rollt, deren Asphalt kleinere Schäden aufweist. Danach kommt eine Kreuzung mit einer stärker befahrenen Straße, die Ihr geradeaus überqueren müßt. Linker Hand liegt ein kleiner, alter Friedhof. Auf sehr gutem Asphalt folgt Ihr die nächsten 1,5 km immer dem Land-und Forstwirtschaftsweg geradeaus, bis Ihr bei km 7,3 an eine stark befahrene Straße gelangt. Hier müßt Ihr vorsichtig nach rechts in die Straße Vor dem Osterholze einbiegen. Auch diese ist eine öffentliche Straße mit Zufahrt zu einer Brotfabrik, so daß Ihr mit Autos und Lkw's rechnen müßt. Nach 200 m kommt erneut ein Bahnübergang mit Schranken, den Ihr überquert und dann auf gutem Asphalt weiterrollt. Links von Euch liegen weitere Gleise, Ihr seid sozusagen von der Bahn

umgeben und müßt noch zweimal unter Gleisen hindurch. Ihr skatet also am folgenden Abzweig nach links unter eben diesen hindurch, an der nächstmöglichen Abzweigung wieder links und nochmal unter der Bahn hindurch. Endlich laßt Ihr die Gleise hinter Euch und seht zur Abwechslung wieder Felder und etwas Wasser. Nach ca. 1 km endet an einer Abzweigung der Land-und Forstwirtschaftsweg, Ihr haltet Ech leicht rechts und fahrt die nächsten 200 m wieder auf öffentlicher Straße. Danach stoßt Ihr auf eine T-Kreuzung mit der Immenser Landstraße. Diese überquert Ihr geradeaus und folgt dem gepflasterten Rad- und Fußweg nach rechts. Dieser Weg führt über eine kleine Brücke, dann habt Ihr wieder Asphalt unter Euch. Nun müßt Ihr noch einmal unter der Autobahn durch und rollt weiter auf dem Rad- und Fußweg über eine Abzweigung hinweg. Nach ca. 300 m ist dieser Weg durch einen Grünstreifen von der Straße abgetrennt und führt die nächsten 3 km über Betonplatten weiter geradeaus, bis Ihr in einer Linkskurve die stark befahrene Straße vorsichtig nach rechts überquert und nun bereits wieder den Parkplatz seht.

Schöne Ferien!

SPEED-WEEKS AUF MALLORCA

Beim Speed-Skaten kommt es auf Technik, Ausdauer und die richtige Koordination an. Geübte Speed-Skater können es beim Tempo mit jedem Radrennfahrer aufnehmen, sie erreichen Spitzengeschwindigkeiten von bis zu 50 km/h in der Ebene. Solch imposante Werte werden unter anderem deshalb möglich, weil die Fahrwerkstechnik von Speed-Skates ganz und gar auf Schnelligkeit ausgelegt ist.

Nicht nur für Sprint-, auch für Langstrecken sind Speed-Skates optimal geeignet. Der aktuelle Marathon-Weltrekord (42,195 km) liegt bei 1:00,43 Std, was einem Durchschnitt von über 40 km/h entspricht. Doch auch Freizeit-Tourenskater würden die großen Vorteile der Fünfroller schnell entdecken, hätten sie nur die Möglichkeit, sie einmal auszuprobieren.

Da Speed-Skates in der Regel sehr teuer sind (ca. 600 bis 1.500 DM) und ein Verleih nicht existiert, können nur Wenige in den Genuß kommen, ihre Hausstrecke einmal auf Speed-Skates zu absolvieren. Besonders interessant deshalb das Angebot von TUI *Free*World, in sechs einwöchigen Trainingscamps auf Mallorca eine Einführung in den schnellen Sport zu erhalten. Mit Roland Klöß, bis 1998 Speed-Skating-

Bundestrainer, und dem international erfolgreichen Marathon-Speedie Sebastian Baumgartner stehen zwei Instruktoren der Extraklasse bereit, um alle Kursteilnehmer in die Geheimnisse des Speed-Skatens einzuweihen. Die Skates für das Camp werden von ROCES zur Verfügung gestellt und können nach Kursende für einen Sonderpreis mitgenommen werden. Für alle ambitionierten Freizeit-Skater eine optimale Möglichkeit, unter südlicher Sonne in eine neue Skate-Dimension vorzustoßen.

Wer sich für die Speed-Weeks interessiert, findet rechts in dem Kasten die nötigen Infos.

SPEED-WEEK INFO

Inhalte: Ausdauertraining, Technikschulung, ausgedehnte Ausfahrten, Videoanalysen, individuelle Betreuung, Kursleitung durch die Speed-Skating-Profis Roland Klöß und Sebastian Baumgartner

Dauer: 1 Woche

Termine 1999: 03.-09. Juli, 10.-16. Juli, 17.-23. Juli, 24.-30. Juli, 31. Juli-06. August, 07.-13. August, Termine für 2000 sind in Planung, bitte im Reisebüro erfragen

Teilnehmerzahl: min. 6, max. 20

Voraussetzung: gutes und sicheres Fahren auf Fitness-Skates, gute Grundkondition

Eingeschlossene Leistungen: 15 Trainingseinheiten (insg. ca. 28-30 Std.), Bereitstellung von ROCES-Speed-Skates CDG Paris incl. Schutzausrüstung, schriftliche Unterlagen zu optimaler Technik und Trainingsplanung, Begleitfahrzeug, ein ROCES / TUI *Free*World T-Shirt, Unfall- / Haftpflichtversicherung

Nicht eingeschlossene Leistungen: Unterkunft und Verpflegung während der Speed Week im TUI *Free*World Sunclub Picafort

Preis: 199 DM pro Person / Woche

Info: in jedem TUI Reisebüro oder unter www.freeworld.de